ANSELM
GRÜN

Gnaden-
bringende
Zeit

ANSELM GRÜN
Gnaden-bringende Zeit
Die spirituelle Kraft der Weihnachtslieder
Vier-Türme-Verlag

Inhalt

Einleitung 7

»Es kommt ein Schiff geladen« 11

»Es ist ein Ros' entsprungen« 16

»Gelobet seist du, Jesus Christ« 23

»Lobt Gott, ihr Christen alle gleich« 28

»Vom Himmel hoch, da komm ich her« . . . 33

»Zu Betlehem geboren« 40

»Ich steh an deiner Krippen hier« 46

»In dulci jubilo« 53

»Stille Nacht, heilige Nacht« 60

»O du fröhliche« 66

»Kommet, ihr Hirten« 70

»Engel auf den Feldern singen« 73

»Singen wir mit Fröhlichkeit« 78

»Nun freut euch, ihr Christen« 84

»Hört, es singt und klingt mit Schalle« . . . 89

»Jauchzet, ihr Himmel, frohlocket, ihr Engel, in Chören« 93

»Menschen, die ihr wart verloren« 98

»Als ich bei meinen Schafen wacht« 103

»Ihr Kinderlein, kommet« 108

»Du Kind, zu dieser heil'gen Zeit« 113

Schluss **119**

Literatur **125**

~

Einleitung

Die Faszination, die das Weihnachtsfest auch heute noch auf viele Menschen ausübt, hängt nicht nur mit der wunderbaren Botschaft zusammen, die uns die Liturgie an diesen Tagen verkündet, sondern auch mit den Weihnachtsliedern. Viele werden durch sie an Erfahrungen aus ihrer Kindheit erinnert. Es ist nicht nur der Inhalt der Weihnachtslieder, sondern auch ihre Melodie, die zu Herzen geht. Sie vermitteln eine Stimmung, die uns guttut. Oft ist es eine zärtliche Melodie, die uns etwas von der Liebe erzählt, die in der Geburt Jesu für uns alle aufstrahlt.

Typisch für viele Weihnachtslieder ist die pastorale Weise der Musik. Italienische Komponisten wie Corelli und Manfredini haben ihre Weihnachtsmusik sogar oft »Pastorale« genannt. Sie entlehnten sie der Musik der Hirten, die schon im 16. Jahrhundert in Italien ihre eigene Art des Musizierens entwickelt hatten. Dabei ging es immer um die Liebe. Die Hirten waren sozusagen die geborenen Liebhaber. Nicht umsonst spricht man deshalb von einem »Schäferstündchen«, und auch in der Malerei gibt es viele Werke, die dieses Motiv bildlich aufgreifen.

Andere Weihnachtslieder haben mehr den Charakter eines Lobgesangs. Sie sind von der

Musik her strenger und setzen die Erkenntnis in Melodie um, dass die Geburt Jesu für uns Anlass zur Dankbarkeit und zum Lob ist. Im Loben freuen wir uns daran, was Gott in der Geburt Jesu an uns getan hat. Johann Sebastian Bach lässt in der dritten Kantate des Weihnachtsoratoriums den Chor auf die Frohe Botschaft antworten, die an die Hirten ergangen ist: »Dies hat er alles uns getan, sein groß Lieb zu zeigen an; Des freu sich alle Christenheit und dank ihm des in Ewigkeit. Kyrieleis!« Es ist die letzte Strophe von »Gelobet seist du, Jesu Christ«, eines der ältesten Weihnachtslieder. Gott wird in diesen weihnachtlichen Lobliedern dafür gepriesen, dass er uns in Jesus etwas Gutes, etwas Heilsames, etwas Wunderbares geschenkt hat.

Dann gibt es die alten Weihnachtslieder, die aus dem 14. Jahrhundert stammen. Es waren die ersten Versuche, die weihnachtliche Botschaft in deutscher Sprache zu verkünden. Oft wird darin das Deutsche noch vermischt mit lateinischen Worten. Diese Lieder haben häufig einen »wiegenden« Charakter: Sie entspringen der mystischen Tradition des Kindleinwiegens, die vor allem bei den Nonnen des 13. bis 15. Jahrhundert sehr beliebt war. Dazu nahmen sie eine Figur des Jesuskindes in den Arm und wiegten sie, wie man es mit einem Kind tut, um es zu beruhigen oder zum Schlafen zu bringen. Das Ziel dieses Rituals war, das göttliche Kind im Herzen zu spüren und eins zu werden mit ihm. Die Lieder, die zum Kindleinwiegen gesungen wurden oder diese Tradition aufgreifen, erzählen nicht, sondern sie verkünden das Geheimnis der Erlösung, die an Weihnachten begonnen hat, die aber erst in der ewigen Herrlichkeit seine Vollendung findet.

Das Geheimnis von Weihnachten wird also erfahrbar durch die Lieder, durch die Musik und die Art des Erzählens. Die Weihnachtslieder erzählen uns von der Geburt. Häufig benutzen sie jedoch Bilder, um das Geheimnis des Weihnachtsgeschehens in uns einzubilden. Bilder öffnen ein Fenster. Die Bilder der Weihnachtslieder öffnen nicht nur unseren Verstand, sondern auch unser Herz, ja, auch unser Unbewusstes für das zentrale Geheimnis unseres Glaubens: dass Gott in Jesus Christus Mensch geworden ist, dass die Menschwerdung Gottes uns göttliches Leben schenkt, dass der menschgewordene Gottessohn unser Erlöser ist, der uns von Sünde und Leid erlöst, uns die Gnade Gottes schenkt. »Gnade Gottes« meint die bedingungslose Annahme durch Gott. In der Geburt Jesu Christi hat Gott die ganze Menschheit angenommen und mit seiner göttlichen Liebe erfüllt.

So möchte ich in diesem Buch einige Weihnachtslieder meditieren, einmal von ihrer inhaltlichen Aussage, zum anderen aber auch von der Musik her, die dazu beiträgt, dass die Worte in unserem Herzen ankommen.

»Es kommt ein Schiff geladen«

T: Daniel Sudermann, um 1626, M: Köln 1608

1 / Es kommt ein Schiff,
geladen bis an sein' höchsten Bord.
Trägt Gottes Sohn voll Gnaden,
des Vaters ewig's Wort.

2 / Das Schiff geht still im Triebe,
es trägt ein' teure Last;
das Segel ist die Liebe,
der Heilig' Geist der Mast.

3 / Der Anker haft' auf Erden,
da ist das Schiff am Land.
Das Wort tut Fleisch uns werden,
der Sohn ist uns gesandt.

4 / Zu Betlehem geboren
im Stall ein Kindelein,
gibt sich für uns verloren;
gelobet muss es sein.

5 / Und wer dies Kind mit Freuden
umfangen, küssen will,
muss vorher mit ihm leiden
groß' Pein und Marter viel,

6 / danach mit ihm auch sterben
und geistlich aufersteh'n,
ewig's Leben zu erben,
wie an ihm ist gescheh'n.

7 / Maria, Gottes Mutter,
gelobet musst du sein.
Jesus ist unser Bruder,
das liebe Kindelein.

Das Lied steht mit seiner Aussage zwischen der Advents- und der Weihnachtszeit. Im neuen Gotteslob ist es das erste Weihnachtslied, das abgedruckt ist. Es ist uns überliefert vom evangelischen Pfarrer und Mystiker Daniel Sudermann (1550–1631), der sich darin auf den deutschen Mystiker Johannes Tauler bezieht. Er schreibt: »Ein uraltes Gesang. So unter deß Herrn Tauleri Schrifften funden, etwas verständlicher gemacht.« Ob es wirklich von Tauler stammt oder nicht, können wir heute nicht mehr sagen. Aber auf jeden Fall atmet es den Geist dieses Mystikers. Wir wissen, dass die alte Handschrift aus dem Inselkloster St. Nikolaus in der Nähe von Straßburg stammt, also aus einem Kloster, in dem Tauler als Spiritual wirkte. Ursprünglich war es ein Marienlied. Deshalb wird nach jeder Strophe ein Refrain gesungen, der sich auf Maria bezieht.

Dem Mystiker Johannes Tauler geht es um die Gottesgeburt im Herzen. Weihnachten ist für ihn nicht in erster Linie ein historisches, sondern ein mystisches Fest, das uns einlädt, Christus in unserem Herzen zu erfahren. Das Bild der Gottesgeburt wird schon von den griechischen Kirchenvätern gebraucht. Doch was bedeutet das, dass Gott in mir geboren wird? Es ist ein Bild für eine Wirklichkeit, über die man nur in Bildern sprechen kann. Wenn Gott in mir geboren wird, dann komme ich in Berührung mit dem ursprünglichen und unverfälschten Bild, das er sich von mir gemacht hat.

Das Lied ist voller Bilder. Da ist zunächst das des Schiffes, das für die Dominikanerinnen des Inselklosters eine vertraute Erfahrung widerspiegelt. Es ist ein Bild für Maria. Sie trägt eine kostbare Fracht: Jesus selbst, mit dem sie schwanger ist. Dieser Jesus ist das ewige Wort des Vaters.

Schiffe brachten damals die nötige Nahrung zu den Menschen. So bringt Maria den Menschen, die nach Leben hungern, die göttliche Nahrung. Damals gab es nur Segelschiffe. Das Segel – so heißt es in der Deutung des Textes in der zweiten Strophe – ist die Liebe. Es ist die Liebe Gottes, die das Schiff antreibt. Der Heilige Geist ist der Mast, wie es hier ebenfalls heißt. Jesus wird aus dem Heiligen Geist geboren. In der dritten Strophe wird die Ankunft des Schiffes beschrieben – Gottes Sohn ist an unserer Küste vor Anker gegangen.

Selbst wenn die hier verwendeten Bilder ursprünglich auf Maria bezogen waren, können wir sie aber auch als Bilder für uns selbst, für jeden Christen verstehen. Wir selbst sind wie ein Schiff. In uns will Christus geboren werden. So ist das Schiff im Sinne Johannes Taulers ein »Bild für die mystische Vereinigung Gottes und des Menschen in der gläubigen Seele« (Ansgar Franz et al., Die Lieder des Gotteslob, 313). In uns kommt die Liebesbewegung Gottes in der Menschwerdung seines Sohnes zur Vollendung. Wenn unser Schiff den Anker wirft, dann bedeutet das, dass Jesus alles in uns mit seiner Liebe durchdringen will, unseren Leib und unsere Seele, aber auch unsere Gefühle und Sinne. Doch die Menschwerdung Gottes in uns führt nicht nur zu einem fröhlichen Leben. Sie schließt auch ein, dass wir wie Jesus Ja sagen zum Leid, das uns trifft. Wer das Kind küssen will – ein Bild für die mystische Vereinigung –, der muss auch bereit sein, Ja zu sagen zu dem Leid, das ihn treffen kann.

Die Melodie dieses Liedes ist sehr getragen, nicht von Fröhlichkeit, sondern von einer kontemplativen Haltung geprägt. Die Melodie des ersten Teils der Strophen, die jeweils in einer bildhaften Sprache das Weihnachtsgeheimnis zum Ausdruck bringen, ist sehr besinnlich. Sie bewegt sich im ruhigen Wellenschlag des 6/4-Taktes. Im zweiten Teil »schlägt die Bewegung plötzlich um in einen frisch ausgreifenden 4/4-Takt« (Werkbuch zum Gotteslob 130). So wird das Geheimnis von Weihnachten nicht nur in den Worten, sondern auch in der Melodie erfahrbar. Weihnachten bedeutet, dass Christus in uns Mensch wird. So langsam, wie das Schiff auf dem Fluss segelt, wird unser Leben verwandelt. Es braucht Zeit und Stille, dass Christus in unserer Seele geboren wird und alle unsere Gedanken und Gefühle, unser Handeln und unser Denken mehr und mehr mit seinem Geist durchdringt. Aber wenn dies geschieht, dann entstehen in uns neue Lebendigkeit und Fröhlichkeit.

»Es ist ein Ros' entsprungen«

T: Trier, um 1587, M: Köln 1599

1 / Es ist ein Ros' entsprungen
aus einer Wurzel zart,
wie uns die Alten sungen,
von Jesse kam die Art
und hat ein Blümlein 'bracht
mitten im kalten Winter,
wohl zu der halben Nacht.

2 / Das Röslein, das ich meine,
davon Jesaja sagt,
hat uns gebracht alleine
Marie, die reine Magd;
aus Gottes ew'gem Rat
hat sie ein Kind geboren
wohl zu der halben Nacht.

3 / Das Blümelein so kleine,
das duftet uns so süß;
mit seinem hellen Scheine
vertreibt's die Finsternis.
Wahr' Mensch und wahrer Gott,
hilft uns aus allem Leide,
rettet von Sünd und Tod.

4 / Wir bitten dich von Herzen,
du edle Königin,
durch deines Sohnes Schmerzen,
wann wir fahren dahin
aus diesem Jammertal:
Du wolltest uns begleiten
bis an der Engel Saal!

5 / So singen wir all' Amen,
das heißt: Nun wird es wahr,
das wir begehr'n allzusammen:
O Jesu, hilf uns dar
in deines Vaters Reich!
Darin woll'n wir dich loben:
O Gott, uns das verleih!

Ein stilles Lied, das das Geheimnis der Menschwerdung im Bild des Rosenstocks verkündet. Entstanden ist es wohl in der Frömmigkeitsbewegung der »Devotio moderna«, einer mystischen Richtung des 15. Jahrhunderts. Aufgeschrieben wurde es erst um das Jahr 1587 von einem Mönch Fr. Conradus in Trier. Damals hatte es neunzehn Strophen. Durchgesetzt haben sich nur zwei. Die dritte Strophe hat in der Zeit der Romantik der evangelische Pfarrer Friedrich Layritz hinzugefügt – in ein typisch katholisches Lied, das aber von evangelischen Christen genauso gerne gesungen wurde.

Die Symbolik des Liedes geht auf den prophetischen Text von Jesaja 11 zurück: »Aus dem Baumstumpf Isais wächst ein Reis hervor, ein junger Trieb aus seinen Wurzeln bringt Frucht« (Jesaja 11,1). Dieser prophetische Text bezieht sich auf unsere Erfahrungen, dass wir Brüche in unserem Leben haben, dass etwas abgeschnitten wird und nicht weitergeht, wenn uns beispielsweise ein lieber Mensch durch den Tod entrissen wird oder wir durch eine Krankheit daran gehindert werden, so weiterzuleben wie bisher. Wenn wir unsere Wurzeln tief genug in Gott haben, werden die Brüche zu einem Aufbruch, und aus dem abgeschnittenen Baumstumpf blüht neues Leben. Die Benediktiner auf dem Berg Montecassino haben das verstanden. Sie haben über ihr Kloster, das einige Male zerstört worden ist, das Motto in Stein gemeißelt: »Succisa virescit«– »Abgehauen, blüht es wieder auf«.

Das Lied deutet den Reis – den jungen Trieb – auf Maria, die aus der Wurzel Jesse entspringt. Jesse meint Isai, der Vater Davids. Der »Reis«, Maria, bringt eine Blume hervor. Diese Blume ist Jesus. Die Übersetzung der Vulgata, der ersten vollständigen lateinischen Übersetzung der Bibel, spricht von der *virga*, die aus der Wurzel Jesu entspringt, und von der *flos*, der Blume, die aus der Wurzel aufgeht. Das lateinische Wort *virga* für »junger Trieb« ähnelt dem Wort *virgo*, das lateinische Wort für »Jungfrau«. So lag es nahe, im Reis die Jungfrau Maria zu sehen und in der Blume Jesus. Der Dichter des Liedes macht aus dem Reis ein »Ros'«. Maria ist also die Rose oder besser gesagt der Rosenstock. Im Mittelalter war die Rose ein gebräuchliches Bild für Maria. Grundlage war die Deutung des Hohelieds, in dem die Braut »eine Lilie unter Disteln« genannt wird. Die lateinische Übersetzung spricht von »*sicut rosa inter spinas*«: Maria ist die Rose unter den Dornen. Sie bringt die Dornen in uns und um uns zum Blühen. Das Lied lässt die Deutung der Rose und des Rosenstocks offen.

Auf der einen Seite ist Maria die Rose, die aufblüht, weil sie Jesus in sich trägt. Auf der anderen Seite aber ist sie der Rosenstock, aus dem Jesus selbst als die eigentliche Rose, als die Blume, aufblüht. Von dieser Blume Christus wird gesagt, dass sie so süß duftet und mit seinem hellen Schein alle Dunkelheit in uns vertreibt. Das sind schöne Bilder für das Geheimnis von Weihnachten. Durch die Menschwerdung bekommt unser Leben einen neuen Geschmack. Johannes hat das im Evangelium mit der Erzählung von der Hochzeit zu Kana zum Ausdruck gebracht: Das fade gewordene Wasser unseres Lebens bekommt durch die Menschwerdung Gottes in Jesus Christus den süßen Geschmack des Weines. Hier ist nicht der Geschmack, sondern der Duft entscheidend. Nicht umsonst verbinden wir Weihnachten auch mit bestimmten Düften. Der Geruchssinn hängt mit unseren Gefühlen zusammen. So will das Bild der duftenden Blume uns sagen, dass unser Leben eine neue Färbung, einen süßen Geruch bekommt. In diesem süßen Duft fühlen wir uns wohl. Es ist der Duft der Liebe. Es sind also zärtliche Bilder, die das Lied uns vor Augen führt.

Diese Zärtlichkeit wird auch in der Musik hörbar. Die Melodie geht zu Herzen. Es ist eine sogenannte Kanzone. Sie besteht aus einem Aufgesang, der dreimal wiederholt wird. Darauf folgt jeweils ein Abgesang. Aus dem Rahmen fällt nur die Melodie bei »und hat ein Blümlein 'bracht«, wo die Melodie stufenartig abfällt. Es ist ein Bild für den Abstieg Gottes in seinem Sohn Jesus Christus. Die Liebe, die uns in Maria, der reinen Magd, der schönen Rose, und in Jesus, dem Blümelein, das uns so süß duftet, aufleuchtet, soll tief in uns eindringen, soll hinabsteigen bis in die Tiefen unserer Seele, auch in die dunklen und kalten Bereiche unserer Seele, die wir von unserem eigenen Bewusstsein ausgeschlossen haben und lieber nicht anschauen möchten. Nach diesem Abstieg wird die Melodie des ersten Teils nochmals aufgegriffen. In dieser Eindringlichkeit wird uns verkündet, was Christus, die duftende Blume, in uns bewirkt.

Das Lied stellt das Geheimnis der Geburt Jesu in den deutschen Winter hinein. Die Symbolik wechselt also von der Bibel in die Erlebniswelt der Menschen im Winter: »Und hat ein Blümlein 'bracht, mitten im kalten Winter, wohl zu der halben Nacht«. Jesus ist wie eine Blume, die mitten in der Kälte des Winters und mitten in der Dunkelheit der Nacht aufblüht. Durch die Geburt Jesu wird die Dunkelheit der Nacht erhellt und die Kälte des Winters durch die Liebe Gottes vertrieben. Was von Maria gilt, die uns das Blümlein Jesus hervorbringt, gilt von jedem von uns. Die Mystik des Mittelalters ist überzeugt, dass Christus in jedem Menschen geboren wird. Maria ist für die mystische Spiritualität immer ein Bild des Christen schlechthin. Wie Maria sollen auch wir Christus hervorbringen. Wenn er in uns geboren wird, wird die Kälte unseres Winters vertrieben, und die Dunkelheit der Nacht weicht dem Licht Christi in unserem Herzen.

Friedrich Hölderlin bezieht sich auf dieses Weihnachtslied, wenn er schreibt: »Weh mir, wo nehm ich, wenn es Winter ist, die Blumen?« Er leidet an seiner Sprachlosigkeit und an der Kälte seiner Umgebung: »Die Mauern stehn sprachlos und kalt, im Winde klirren die Fahnen.« Was Hölderlin als Frage in die Einsamkeit seiner Seele hineinspricht, das hat uns Christus mit seiner Geburt beantwortet. Da ist er die Blume, die unseren Winter zum Blühen bringt und die klirrende Kälte auflöst in die Wärme seiner Liebe. Indem wir die Melodie dieses stillen und zärtlichen Liedes in unser kaltes Herz dringen lassen, will uns die Liebe, die in Jesu Geburt aufstrahlt, erfüllen und wärmen.

»Gelobet seist du, Jesus Christ«

T: Medingen, um 1380/Martin Luther 1524,
M: Medingen um 1460/Wittenberg 1524

1 / Gelobet seist du, Jesus Christ,
dass du Mensch geworden bist
von einer Jungfrau, das ist wahr;
des freuet sich der Engel Schar.
Kyrieleis.

2 / Des ew'gen Vaters einig Kind
jetzt man in der Krippe findt;
in unser armes Fleisch und Blut
verkleidet sich das ew'ge Gut.
Kyrieleis.

3 / Den aller Welt Kreis nie beschloss,
der liegt in Marien Schoß;
er ist ein Kindlein worden klein,
der alle Ding' erhält allein.
Kyrieleis.

4 / Das ew'ge Licht geht da herein,
gibt der Welt ein' neuen Schein;
es leucht't wohl mitten in der Nacht
und uns des Lichtes Kinder macht.
Kyrieleis.

5 / Der Sohn des Vaters, Gott von Art
ein Gast in der Welt hie ward
und führt uns aus dem Jammertal,
macht uns zu Erben in sei'm Saal.
Kyrieleis.

6 / Er ist auf Erden kommen arm,
dass er unser sich erbarm
und in dem Himmel mache reich
und seinen lieben Engeln gleich.
Kyrieleis

7 / Das alles hat er uns getan,
sein' große Lieb' zu zeigen an.
Des freu sich alle Christenheit
und dank ihm des in Ewigkeit.
Kyrieleis.

Das Lied »Gelobet seist du, Jesus Christ« geht auf eines der ältesten deutschen Weihnachtslieder zurück. Im 14. Jahrhundert war es beliebt, sogenannte Kyrie-eleis-Lieder zu singen. Man schob sie in die lateinischen Gesänge ein. Diese Lieder wurden »Leisen« genannt. Dazu gehört das Lied, das uns das Zisterzienserinnen-Kloster von Medingen überliefert hat. Es stammt aus dem Jahr 1380. Martin Luther hat es sicher in seiner Jugend gekannt und gerne gesungen. Als Reformator war es ihm wichtig, dass die Christen im Gottesdienst deutsche Lieder sangen. Gerne griff er dabei auf bekannte Lieder und Melodien zurück, die er erweiterte, um die Botschaft Jesu immer tiefer in die Herzen der Menschen eindringen zu lassen. So hat er auch bei diesem Lied zu der einen Strophe sechs weitere gedichtet, in denen er auf wunderbare Weise das Geheimnis von Weihnachten meditiert.

In immer neuen Bildern beschreibt Luther den Gegensatz des großen Gottes und des armen Kindes. »Des ew'gen Vaters einig Kind« findet man jetzt in der Krippe »in unser armes Fleisch und Blut verkleidet«. Der, der größer ist als die ganze Welt, liegt nun in Mariens Schoß. Die vierte Strophe ist der Höhepunkt des Liedes und betrifft die zentrale Aussage von Weihnachten:

In der Geburt Jesu leuchtet Gottes ewiges Licht in unsere Dunkelheit hinein und erleuchtet uns. Gott macht uns durch die Geburt seines Sohnes zu seinen Kindern. Weihnachten verwandelt also uns selbst. Das formuliert Luther dann in den nächsten beiden Strophen aus, indem er sich auf die Aussagen des Römerbriefes bezieht: dass wir Erben Gottes sind (vgl. Römer 8,15).

In den Bildern der fünften und sechsten Strophe bezieht sich Luther nicht nur auf die Weihnachtserzählung des Lukas, sondern auch auf den Johannesprolog und auf Aussagen des Apostels Paulus. Dass Jesus als Licht in die Welt kommt, entspricht der Aussage des Prologs im Johannesevangelium: »Das Licht leuchtet in der Finsternis« (Johannes 1,5). In der sechsten Strophe (»Er ist auf Erden kommen arm ... und in dem Himmel mache reich«) bezieht sich Luther auf ein Wort von Paulus: »Er, der reich war, wurde euretwegen arm, um euch durch seine Armut reich zu machen« (2 Korinther 8,9). So ist das Lied voller theologischer Aussagen. Dem entspricht auch der archaische Charakter der Melodie. Er verleiht den Gedanken eine Feierlichkeit. Es ist ein Loblied, kein idyllisches Lied, ein Lob auf das Geheimnis, dass Gott Mensch geworden ist, dass Gott in der Menschwerdung seines Sohnes alle Gegensätze dieser Welt miteinander verbunden hat: Himmel und Erde, Gott und Mensch, Armut und Reichtum, Macht und Ohnmacht, Licht und Finsternis. Die Bilder dieses Liedes wollen sich in unser Herz einbilden, damit sich in uns die Gegensätze miteinander versöhnen, damit sich unsere Menschlichkeit mit dem göttlichen Leben verbindet, unsere Dunkelheit von seinem Licht erhellt wird, unsere Armut durch seinen Reichtum aufgehoben und unsere Kälte durch seine Liebe verwandelt wird. Der Grund des Weihnachtsgeschehens ist für Luther die Liebe Gottes: »Das hat er alles uns getan, sein' große Lieb' zu zeigen an.« In diese menschgewordene Liebe Gottes sollen wir uns hineinmeditieren. In dem Kind in der Krippe leuchtet sie uns auf. Wir werden sie nie ganz verstehen. Durch das Singen will das Bild von Weihnachten immer tiefer in uns eindringen, damit wir mit dem ursprünglichen Bild, das Gott sich von jedem von uns gemacht hat, in Berührung kommen, damit das Bild des göttlichen Kindes auch in uns aufstrahlt und unser Leben heilt.

»Lobt Gott, ihr Christen alle gleich«

T und M: Nikoluas Hermann, um 1560

1 / Lobt Gott, ihr Christen alle gleich,
in seinem höchsten Thron,
der heut schließt auf sein Himmelreich
und schenkt uns seinen Sohn,
und schenkt uns seinen Sohn.

2 / Er kommt aus seines Vaters Schoß
und wird ein Kindlein klein;
er liegt dort elend, nackt und bloß,
in einem Krippelein,
in einem Krippelein,

3 / entäußert sich all seiner G'walt,
wird niedrig und gering
und nimmt an eines Knechts Gestalt,
der Schöpfer aller Ding',
der Schöpfer aller Ding'.

4 / Heut schließt er wieder auf die Tür
zum schönen Paradeis;
der Kerub steht nicht mehr dafür.
Gott sei Lob, Ehr' und Preis,
Gott sei Lob, Ehr' und Preis.

Die Reformationszeit war eine fruchtbare Epoche für das Kirchenlied. Dabei hat man oft alte lateinische Hymnen übernommen und sie mit großer innerer Freiheit umgedichtet. So hat auch Nikolaus Hermann, ein Zeitgenosse Martin Luthers aus dem Erzgebirge, wohl den Hymnus des Caelius Sedulius aus dem 5. Jahrhundert »A solis ortus cardine« als Grundlage für sein Weihnachtslied genommen. Nikolaus Hermann war Kantor im böhmischen Joachimsthal. Ursprünglich war dieses Lied für Kinder gedacht. Lieder waren für die Väter der Reformation ein wichtiger Weg, um den Kindern den Glauben an Jesus Christus zu vermitteln. Die Melodie, die Nikolaus Hermann verwendet, gehörte ursprünglich zu einem weltlichen Tanzlied. Das war damals ein beliebtes katechetisches Mittel: mithilfe bekannter und beliebter Melodien die christlichen Wahrheiten den Kindern, aber auch den Erwachsenen zu vermitteln. Es zeigt jedoch auch, wie Hermann Weihnachten verstanden hat: Wenn Gott in Jesus Mensch geworden ist, dann ist das für uns Anlass, einen fröhlichen Tanz um die Krippe zu wagen. Die Geburt Jesu verwandelt uns, sodass aus engen und verklemmten Menschen fröhliche und tanzende Menschen werden.

Ursprünglich hatte das Lied sechs Strophen. Im Gotteslob werden allerdings die vierte und fünfte Strophe ausgelassen. In diesen Strophen geht es um ein altkirchliches Motiv: der wunderbare Tausch, wie er schon indem Weihnachtsantiphon »O admirabile commercium« besungen wird. So heißt es in der vierten Strophe bei Hermann:

Er wechselt mit uns wunderlich,
Fleisch und Blut nimmt er an
und gibt uns in sein's Vater Reich
die klare Gottheit dran,
die klare Gottheit dran.

In der ersten Strophe geht es um die Geschenke, die nach Ansicht Luthers nicht mehr am Nikolaustag, sondern an Weihnachten verteilt werden sollten. Gott selbst macht uns das größte Geschenk: seinen Sohn. Um das zu tun, schließt er das Himmelreich auf. Das erinnert an den Geschenkeschrank, den der Hausvater an Weihnachten aufschließt, um den Kindern die Gaben zu verteilen. Aber für Nikolaus Hermann wird dieses Schenken zum Bild für Gott selbst, von dem Johannes in seinem Evangelium schreibt: »Also hat Gott die Welt geliebt, dass er seinen einzigen Sohn gab, damit jeder, der an ihn glaubt, nicht zugrunde geht, sondern das ewige Leben hat« (Johannes 3,16). Die Menschwerdung Gottes ist Ausdruck seiner Liebe zu uns, damit wir, die wir uns selbst verloren haben, das ewige, das wirkliche Leben finden, das Leben, in dem jetzt schon Zeit und Ewigkeit, Himmel und Erde miteinander eins sind.

Das Geschenk Gottes in seinem Sohn Jesus wird in der zweiten Strophe mit Bildern aus der Weihnachtserzählung des Lukasevangeliums beschrieben: Jesus kommt zu uns als Kindlein und liegt »elend, nackt und bloß« in einer Krippe. In diesen Bildern wird an das Mitgefühl der Hörer appelliert. Doch dann folgt in der dritten Strophe eine theologische Deutung. Hier bezieht sich Hermann auf den Hymnus aus dem Philipperbrief: »Er entäußerte sich und wurde wie ein Sklave und den Menschen gleich« (Philipper 2,7). Weihnachten ist also keine Idylle, sondern da beginnt die Entäußerung Gottes im Menschen Jesu, die dann am Kreuz ihren Höhepunkt erreicht.

In der letzten Strophe verweist Hermann auf die Erzählung von der Vertreibung aus dem Paradies: Der Mensch wurde wegen seiner Sünde daraus vertrieben, und jetzt sind die Pforten verschlossen. Sie werden von einem Kerub bewacht. Doch die Menschwerdung Gottes in Jesus Christus bedeutet, dass diese Türen wieder aufgeschlossen werden. Kein Wächter wird uns den Zugang verweigern. Das Paradies ist nicht nur der himmlische Garten, den wir im Tod betreten dürfen, sondern er meint hier die Beziehung zu Gott. Christus ist gleichsam der Schlüssel, der uns die Tür zur heilenden und liebenden Nähe Gottes aufschließt.

Die altkirchliche Liturgie hat Jesus als den »Schlüssel Davids« bezeichnet. Wenn er uns die Tür zu Gott aufschließt, kann sie niemand mehr verschließen. Durch Jesus haben wir einen neuen Zugang zu Gott bekommen. Unsere Sünde und unsere Angst vor dem unbegreiflichen Gott trennen uns nicht mehr von ihm. Gott ist uns in seinem Sohn nahegekommen. Im Kind in der Krippe erfüllen sich alle Verheißungen des Alten Testamentes. Und so könnte man sagen: Das Kind in der Krippe ist der Schlüssel, der uns den Zugang zur tieferen Bedeutung der biblischen Worte öffnet und uns das Geheimnis der Liebe Gottes enthüllt.

»Vom Himmel hoch, da komm ich her«

T und M: Martin Luther 1535

1 / »Vom Himmel hoch, da komm ich her,
ich bring euch gute neue Mär,
der guten Mär bring' ich so viel,
davon ich sing'n und sagen will.

2 / Euch ist ein Kindlein heut geborn
von einer Jungfrau auserkorn,
ein Kindelein so zart und fein,
das soll eu'r Freud und Wonne sein.

3 / Es ist der Herr Christ, unser Gott,
der will euch führ'n aus aller Not,
er will eur Heiland selber sein,
von allen Sünden machen rein.

4 / Er bringt euch alle Seligkeit,
die Gott der Vater hat bereit',
dass ihr mit uns im Himmelreich
sollt leben nun und ewiglich.

5 / So merket nun das Zeichen recht:
die Krippe, Windelein so schlecht,
da findet ihr das Kind gelegt,
das alle Welt erhält und trägt.«

6 / Des lasst uns alle fröhlich sein
und mit den Hirten gehn hinein,
zu sehn, was Gott uns hat beschert,
mit seinem lieben Sohn verehrt.

7 / Merk auf, mein Herz, und sieh dorthin,
was liegt doch in dem Krippelein?
Wes ist das schöne Kindelein?
Es ist das liebe Jesulein.

8 / Sei mir willkommen, edler Gast!
Den Sünder nicht verschmähet hast
und kommst ins Elend her zu mir:
Wie soll ich immer danken dir?

9 / Ach Herr, du Schöpfer aller Ding,
wie bist du worden so gering,
daß du da liegst auf dürrem Gras,
davon ein Rind und Esel aß!

10 / Und wär die Welt vielmal so weit,
von Edelstein und Gold bereit',
so wär sie doch dir viel zu klein,
zu sein ein enges Wiegelein.

11 / Der Sammet und die Seiden dein,
das ist grob Heu und Windelein,
darauf du König groß und reich
herprangst, als wär's dein Himmelreich.

12 / Das hat also gefallen dir,
die Wahrheit anzuzeigen mir,
wie aller Welt Macht, Ehr und Gut
vor dir nichts gilt, nichts hilft noch tut.

13 / Ach mein herzliebes Jesulein,
mach dir ein rein sanft Bettelein,
zu ruhen in meins Herzens Schrein,
daß ich nimmer vergesse dein.

14 / Davon ich allzeit fröhlich sei,
zu springen, singen immer frei
das rechte Susaninne schön,
mit Herzenslust den süßen Ton.

15 / Lob, Ehr sei Gott im höchsten Thron,
der uns schenkt seinen eignen Sohn.
Des freue sich der Engel Schar
und singen uns solch neues Jahr.

Zur Zeit Martin Luthers war es üblich, dass man vor der Kirche Krippenspiele veranstaltete. Dabei lebte das Kindleinwiegen, das für die mittelalterliche Frauenmystik wesentlich war, als Volkstradition weiter. Martin Luther hat das Lied »Vom Himmel hoch, da komme ich her« im Jahr 1535 für seine Familie gedichtet. Er bezieht sich dabei auf ein damals bekanntes sogenanntes Kranzlied, das zu Sängerwettbewerben oder als Rätsel gesungen wurde und bei dem es einen Kranz zu gewinnen gab. Menschen aus fremden Gegenden traten dazu hervor und begannen ihr Lied mit der Strophe: »Aus fremden Landen komm ich her und bring euch viel der neuen Mär. Der neuen Mär bring ich so viel, mehr dann ich euch hie sagen will.« Es ist schon erstaunlich, dass Luther ein weltliches Lied als Vorlage nimmt, um die Botschaft des Engels zu verkünden. Der Engel kommt nicht aus fremden Landen, sondern aus dem Himmel. Seine Botschaft ist wichtiger als alle Botschaften, die uns heute irgendein Journalist in der Zeitung oder im Fernsehen verkündet.

Luther hatte sein Lied so konzipiert, dass sein ältester Sohn, als Engel verkleidet, die ersten fünf Strophen singen sollte. Dann traten die Kinder heran und sangen dem Kind ihr Lied. Doch diese Strophen, die den Kindern vorbehalten waren, sind im Gotteslob nicht mehr abgedruckt. So kann es unser gemeinsames Weihnachtslied werden.

Der Engel hält sich bei seiner Verkündigung an den Text, den uns das Lukasevangelium überliefert hat. Luther hat ihn nur dichterisch weiter ausgefaltet. Die Botschaft, dass das neugeborene Kind Retter, Messias und Herr ist, deutet Luther dreifach: »der will euch führ'n aus aller Not, er will eur Heiland selber sein, von allen Sünden machen rein«. Jesus ist der *soter*, griechisch für »Retter«, der uns aus aller Not herausführt. Er ist der Heiland, der unsere Wunden heilt. Und er ist der Erlöser, der uns von unseren Sünden befreit. Von der Sünde ist bei Lukas nicht die Rede. Aber für Luther ist dieses Thema zentral, und so bringt er es schon hier in der Weihnachtsbotschaft ein. Doch er begnügt sich nicht mit der reinen Theologie. Er betont, gerade für seine Kinder, dass das Kind in der Krippe für uns alle Freud und Wonne sein soll und dass es uns alle Seligkeit bringt. Der Engel verweist uns auf das Kind in der Krippe.

Nach der Aufforderung des Engels, dass wir in der Krippe das Kind finden werden, antworten wir gemeinsam mit den Hirten: »Des lasst uns alle fröhlich sein und mit den Hirten gehn hinein.« Wir sollen uns auf den Weg machen, um in dem Kind in der Krippe zu schauen, was uns Gott an Weihnachten schenkt: seinen eigenen Sohn.

Weihnachten heißt nicht, dass wir bequem im Familienkreis ein idyllisches Fest feiern. Vielmehr geht es darum, uns auf den Weg zu machen, um in dem armen Kind in der Krippe den Sohn Gottes zu erkennen. Das bedeutet aber auch, dass wir auf die Menschen zugehen, gerade auf die armen und hilflosen, um in ihnen Christus zu entdecken und ihnen von ihrer Würde zu erzählen, die sie durch die Menschwerdung Gottes erhalten haben. Denn seit der Geburt Jesu begegnen wir in jedem Menschen Christus. In jedem leuchtet uns sein Antlitz entgegen. Weihnachten will uns die Augen öffnen, damit wir Christus gerade in den Menschen am Rand unserer Gesellschaft erkennen.

Luther beschließt sein Lied mit dem Lob Gottes. Mit den Engeln wollen wir einstimmen in ihr Lob. Denn Gott hat uns in seinem Sohn so viel beschert, wie es keine weltliche Bescherung ausrichten kann. So richten wir unseren Blick von dem Kind in der Krippe auf den unbegreiflichen Gott, von dem Luther schreibt, dass er auf dem höchsten Thron sitzt. Weihnachten bedeutet, die Spannung zwischen dem kleinen hilflosen Kind in der Krippe und dem unendlich großen Gott in der Höhe auszuhalten. Himmel und Erde, Licht und Dunkel, das arme Kind und der Reichtum göttlicher Herrlichkeit müssen zusammen gesehen werden, um das Geheimnis von Weihnachten zu verstehen.

Das Lied, das Martin Luther für seine Familie schrieb, wurde nicht nur in der evangelischen, sondern schon bald auch in der katholischen Kirche beliebt. In der damaligen aufgewühlten Zeit hat man das Lied in der katholischen Kirche daher kurzerhand dem Liederbuch des Dominikaners Michael Vehe zugeschrieben. Man war noch nicht so weit, dem Reformator dankbar zu sein für das Liedgut, das er den Christen geschenkt hat. Aber dennoch hat sich das Lied und mit ihm die Theologie Luthers auch in der katholischen Kirche durchgesetzt. Die Lieder kennen keine konfessionellen Grenzen. Sie rühren das Herz an und öffnen es für das Geheimnis der Menschwerdung Gottes, in der uns Gott alle so reich beschenkt hat.

»Zu Betlehem geboren«

T: Friedrich Spee 1637, M: Paris 1599/Köln 1637

1 / Zu Betlehem geboren
ist uns ein Kindelein,
das hab ich auserkoren,
sein Eigen will ich sein.
Eja, eja,
sein Eigen will ich sein.

2 / In seine Lieb' versenken
will ich mich ganz hinab;
mein Herz will ich ihm schenken
und alles, was ich hab.
Eja, eja,
und alles, was ich hab.

3 / O Kindelein, von Herzen
will ich dich lieben sehr,
in Freuden und in Schmerzen,
je länger und je mehr.
Eja, eja,
je länger und je mehr.

4 / Die Gnade mir doch gebe,
bitt' ich aus Herzensgrund,
dass ich allein dir lebe
jetzt und zu aller Stund'.
Eja, eja,
jetzt und zu aller Stund'.

5 / Dich, wahren Gott, ich finde
in unser'm Fleisch und Blut;
darum ich mich dann binde
an dich, mein höchstes Gut.
Eja, eja,
an dich, mein höchstes Gut.

6 / Lass mich von dir nicht scheiden,
knüpf' zu, knüpf' zu das Band
der Liebe zwischen beiden;
nimm hin mein Herz zum Pfand.
Eja, eja,
nimm hin mein Herz zum Pfand!

Der Jesuit Friedrich Spee hat in der dunklen Zeit des Dreißigjährigen Krieges ein Weihnachtslied gedichtet, das in katholischen Familien gerne gesungen wurde, dann aber auch schon bald in die Liturgie der evangelischen Kirche eingedrungen ist. Es ist ein Lied, in dem der Sänger von sich spricht, von seiner Liebe zu dem Kind. Die Melodie entstammt einem alten französischen Liebeslied. Manche meinen auch, es sei ein Tanzlied gewesen, wobei sich beides nicht ausschließt. Die intime Melodie entspricht der Intimität der Worte, in der der Dichter seine persönliche Liebe zu dem Kind in der Krippe besingt und uns einlädt, uns vor diesem Kind auch unserer Liebe nicht zu schämen, sondern sie im Lied auszudrücken.

Das Leben des Jesuiten Friedrich Spee war geprägt von den Spannungen seiner Zeit. Er hatte öffentlich gegen die Hexenprozesse Stellung genommen und mit seinem Buch »Cautio criminalis« wesentlich zum Ende derselben beigetragen. Als Moraltheologe und Seelsorger lebte er in einer unsicheren, von großen Veränderungen und großer Gewalt geprägten Zeit. Dieser war er in seinen Ansichten häufig weit voraus, und so wundert es auch nicht, dass er das erste Andachtsbuch nur für Frauen geschrieben hat. Und dann wohl auch nicht, dass dieser so scharfsinnige Theologe ein so zärtliches und inniges Weihnachtslied schrieb. Es ist ein sehr persönliches Lied, das uns Friedrich Spee zumutet. Es kann sein, dass wir beim Singen nicht jedes Wort mit der gleichen Innigkeit empfinden, wie es der Dichter für sich offensichtlich tat, als er diese Verse im Angesicht des göttlichen Kindes in der Krippe formte. Doch indem wir singen: »in seine Lieb' versenken will ich mich ganz hinab«, kann durch die Meditation der Liebe Gottes, die in dem Kind aufstrahlt, auch in uns Liebe aufkommen, so dass wir – vielleicht nur vorsichtig – weiter singen können: »O Kindelein, von Herzen will ich dich lieben sehr, in Freuden und in Schmerzen, je länger mehr und mehr.« So wächst in uns die Sehnsucht nach solch zärtlicher Liebe. Und in dieser Sehnsucht spüren wir schon die Liebe, die in unserer Sehnsucht ist.

Friedrich Spee nennt das Lied ein »Herzopfer«. Er hat dem Kind wirklich sein Herz geopfert, indem er pestkranke französische Kriegsgefangene pflegte und sich dabei selbst ansteckte. In den ersten Strophen heißt es noch: »ich will«. Aber in der vierten Strophe spricht er von der Gnade. Damit wir uns dem Kind und den Menschen, in denen uns das Kind begegnet, hingeben können, bedürfen wir der Gnade Gottes. So ist Weihnachten die Bitte, dass Gott uns die Gnade geben möge, uns nicht nur dem Kind in der Krippe hinzugeben, sondern allen Menschen.

In der fünften Strophe wagt Spee den mutigen Satz: »Dich, wahren Gott, ich finde in unser'm Fleisch und Blut.« Das ist das Geheimnis von Weihnachten: in unserem Fleisch und Blut Gott zu finden, es im Antlitz unserer Brüder und Schwestern zu erkennen, aber auch in unserem eigenen Leib Gott zu entdecken. Unser Leib ist zum Ort Gottes geworden. In meinem Fleisch will Gottes Herrlichkeit aufstrahlen. So versteckt sich hinter diesem Liebeslied eine mutige Theologie, die darum weiß, dass Gott sich in unser Fleisch eingefleischt hat. Zudem verbirgt sich in diesem Lied das Vertrauen, dass Gottes Liebe, die in dem Kind in der Krippe aufleuchtet, auch unsere Sehnsucht nach Liebe zu entflammen und uns so zur Liebe zu befähigen vermag.

Im neuen Gotteslob ist auch die sechste Strophe abgedruckt, die sozusagen die Zielstrophe des ganzen Liedes darstellt. »Hier vollzieht sich endlich das, was zuvor versprochen und erbeten wurde, das geistliche Verlöbnis« (Die Lieder des Gotteslob, 1223f): »Lass mich von dir nicht scheiden, knüpf zu, knüpf zu das Band.« Jesus soll das Band zwischen sich und mir festigen, so dass ich ganz eins werde mit ihm. So schließt das Lied mit der mystischen Verbindung, die in der Menschwerdung zwischen Gott und Mensch entsteht. Diese Verbindung bewirkt Gottes Liebe selbst in uns. Sie verwandelt uns und erfüllt uns mit göttlichem Leben. Nach Friedrich Spee ist Weihnachten ein mystisches Fest, das uns die tiefe Verbindung zwischen Gott und Mensch verkündet. Und es nährt in uns die Sehnsucht, ganz eins zu werden mit dem göttlichen Kind und in ihm mit der Liebe Gottes. Wir bitten darum, dass diese uns ganz und gar verwandelt, damit auch wir wie Friedrich

Spee fähig werden, die Gegensätze unserer Zeit zu überbrücken und uns fremden und auf den ersten Blick feindlich gesinnten Menschen zu widmen und ihnen mit Liebe zu begegnen.

»Ich steh an deiner Krippen hier«

T: Paul Gerhardt 1653, M: Johann Sebastian Bach 1736

1 / Ich steh an deiner Krippen hier,
o Jesu, du mein Leben.
Ich komme, bring und schenke dir,
was du mir hast gegeben.
Nimm hin, es ist mein Geist und Sinn.
Herz, Seel' und Mut, nimm alles hin
und lass dir's wohl gefallen.

2 / Da ich noch nicht geboren war,
da bist du mir geboren
und hast dich mir zu eigen gar,
eh' ich dich kannt', erkoren.

Eh' ich durch deine Hand gemacht,
da hast du schon bei dir bedacht,
wie du mein wolltest werden.

3 / Ich lag in tiefer Todesnacht,
du warest meine Sonne,
die Sonne, die mir zugebracht
Licht, Leben, Freud' und Wonne.
O Sonne, die das werte Licht
des Glaubens in mir zugericht',
wie schön sind deine Strahlen.

4 / Ich sehe dich mit Freuden an
und kann mich nicht sattsehen;
und weil ich nun nichts weiter kann,
bleib' ich anbetend stehen.
O das mein Sinn ein Abgrund wär'
und meine Seel' ein weites Meer,
dass ich dich möchte fassen.

Nur kurze Zeit nach Friedrich Spee hat der evangelische Pfarrer Paul Gerhardt ein ähnlich persönliches Krippenlied gedichtet: »Ich steh an deiner Krippen hier«. Der Dreißigjährige Krieg war zu Ende gegangen. Jetzt setzten sich in den Kirchen nicht nur im katholischen, sondern auch im evangelischen Raum die Krippendarstellungen wieder durch, die durch den Krieg oft verschwunden waren. Vor einer solchen Krippe stehend hat

Paul Gerhardt sein wunderbares Weihnachtslied geschrieben. Er hat dafür die Melodie eines bekannten Lutherchorals aus dem Jahr 1529 übernommen. Heute singen wir das Lied in der Vertonung von Johann Sebastian Bach. Er hat es in Moll komponiert und damit entspricht die Melodie mehr dem persönlichen Charakter des Textes. Wenn wir das Lied in der Vertonung von Bach singen, spüren wir die Liebe zu dem Kind in der Krippe. Da wächst das Vertrauen in das Kind, aber auch ein zärtliches Berührtwerden durch dieses Kind wird spürbar.

Es ist aber nicht nur die Frömmigkeit der Barockzeit, die in diesem Lied aufscheint. Vielmehr lässt es sich nur verstehen auf dem Hintergrund der »devotio moderna«. Dies war eine Frömmigkeitsbewegung, die am Ende des 14. Jahrhunderts zu Tage trat. Sie zielte auf eine persönliche und innerliche Frömmigkeit. Luther war mit dieser mystischen Richtung vertraut und hat sich von ihr inspirieren lassen. Man vermutet als den geistlichen Hintergrund dieses Liedes eine Andachtsschrift aus dem Mittelalter: »Gespräch des greisen Hieronymus mit dem Kindlein in der Krippe«. Natürlich ist dieses Gespräch fiktiv. Aber Luther war diese Schrift bekannt. Es sind also mystische Motive, die sich in diesem Lied von Paul Gerhardt ausdrücken. Dabei ist zu bedenken, dass Paul Gerhardt kein leichtes Schicksal hatte. Er wurde ständig in die Streitigkeiten zwischen Lutheranern und Reformierten hineingezogen. Doch in seinem Weihnachtslied ist nichts von Aggression oder Enttäuschung zu spüren. Da drückt sich die tiefe Sehnsucht aus, im Blick auf das göttliche Kind in der Krippe von seiner unendlichen Liebe erfüllt zu werden.

In der ersten Strophe formuliert Paul Gerhardt – ähnlich wie Friedrich Spee – seine Bereitschaft, dem Kind in der Krippe alles zu geben, was er hat. Es weckt seine Liebe. Und in dieser Liebe gibt er alles, was er von Gott empfangen hat. In den nächsten Strophen meditiert der Dichter das Geheimnis der Menschwerdung. Da geht es darum, dass Gott schon vor unserer Geburt an uns gedacht und uns erwählt hat. Schon von Geburt an sind wir von seiner Liebe umgeben, die uns in der Menschwerdung seines Sohnes vorausliegt. Anschließend beschreibt Paul Gerhardt nicht nur seine persönliche Situation, sondern unseren Zustand ohne den Glauben an Christus: »Ich lag in tiefer Todesnacht«. Doch auch diese Todesnacht ist schon von der Sonne erleuchtet, die in Christus aufgegangen ist. Hier bezieht sich Paul Gerhardt auf die frühkirchliche Theologie und Praxis: Man hatte das Weihnachtsfest bewusst auf den 25. Dezember festgelegt, an dem im römischen Kalender das Fest des »sol invictus«, des unbesiegbaren Sonnengottes, gefeiert wurde. Der Sinn dahinter war, ein wichtiges Fest, das es bereits gab, christlich umzudeuten. Man wollte deutlich machen, dass Christus die tiefste Sehnsucht erfüllt, die in der Verehrung des Sonnengottes verborgen liegt, dass er also dieser »Sonnengott« ist. Christus ist die wahre Sonne, die uns Licht, Leben, Freud und Wonne schenkt. Sie erleuchtet alles Dunkle in uns und vertreibt in uns die Angst vor dem inneren Chaos. Alles in uns wird durch das Licht Christi erleuchtet.

Das Lied schließt mit der Anbetung. Der Dichter kann sich an dem Kind in der Krippe nicht sattsehen. Er bleibt anbetend stehen. Paul Gerhardt beschreibt dies in den uralten mystischen Bildern vom Abgrund der Sinne und vom weiten Meer der Seele. In der Anbetung vergessen wir uns selbst. Da fragen wir nicht, wie es uns geht. Da schauen wir nur den an, der uns fasziniert. Aber indem wir uns und unsere eigene Befindlichkeit vergessen, erfahren wir uns als ganz präsent, ganz frei und heil. Anbetung ist die angemessene Reaktion auf das Kind in der Krippe. Wenn wir anbetend vor ihm stehen bleiben, sind wir angekommen, dann sind wir wahrhaft daheim, dann geht uns das Geheimnis Gottes und das Geheimnis unseres eigenen Lebens auf. Anbetung bedeutet aber auch, dass wir unser Herz weit machen wie das Meer und dass wir im Blick auf das Kind in der Krippe in den Abgrund unserer Seele schauen, in den Seelengrund, von dem der deutsche Mystiker Johannes Tauler spricht. Dort, im Seelengrund, geschieht das Einswerden mit Gott. Dort können wir Gott fassen. Das bedeutet nicht, dass wir ihn festhalten, sondern nur berühren. In dieser Berührung Gottes werden wir frei von allem egoistischen Kreisen um uns selbst. Da öffnet sich unser Herz, damit Gott darin einziehen kann.

Wenn wir die erste und die letzte Strophe zusammen sehen, dann verwirklicht das Lied von Paul Gerhardt das, was der Jesuit Alfred Delp in seiner Todeszelle erfahren hat. Er schreibt dort: »Der Mensch muss sich selbst hinter sich gelassen haben, wenn er eine Ahnung von sich selbst bekommen will.« Paul Gerhardt drückt dieses »sich selbst hinter sich lassen« in der ersten Strophe aus in den Worten: »Nimm hin, es ist mein Geist und Sinn«. Die Anbetung dagegen wird in der letzten Strophe sichtbar. Alfred Delp meinte, der Mensch finde sich erst selbst, wenn er Gott begegnet, wenn er sich Gott hingibt und ihn anbetet: Adoro und suscipe (»Ich bete dich an«; »nimm mich hin«) sind die beiden Urworte der menschlichen Freiheit. Das gebeugte Knie und die hingehaltenen leeren Hände sind die beiden »Urgebärden des freien Menschen« (Delp 40). Wenn wir mit den Hirten uns selbst dem Kind in der Krippe hingeben und vor ihm niederfallen und es anbeten, dann werden wir wahrhaft frei. So erahnen wir an Weihnachten, was es bedeutet, freie Menschen zu werden, die von Gottes Liebe erfüllt sind und daher frei vom Kreisen um das eigene Ego.

»In dulci jubilo«

T und M: Medingen 1335

1 / In dulci jubilo,
nun singet und seid froh:
Unsers Herzens Wonne
liegt in praesepio
und leuchtet wie die Sonne
matris in gremio.
Alpha es et O,
Alpha es et O.

2 / O Jesu parvule,
nach dir ist mir so weh.
Tröst mir mein Gemüte,
o puer optime,
durch alle deine Güte,
o princeps gloriae,
trahe me post te,
trahe me post te!

3 / O patris caritas,
o nati lenitas!
Wir war'n all verdorben
per nostra crimina,
da hat er uns erworben
caelorum gaudia.
Quanta gratia,
quanta gratia.

4 / Ubi sunt gaudia?
Nirgend mehr denn da,
wo die Engel singen
nova cantica
und die Zimbeln klingen
in regis curia.
Eja, qualia,
eja, qualia.

Es ist wohl das älteste deutsche Weihnachtslied und ein typisches »Mischlied«, in dem lateinische und deutsche Phrasen miteinander verbunden sind, so dass die Gemeinde mitsingen konnte. Wenn wir es heute hören, dann erhöhen gerade die lateinischen Worte, die man gar nicht zu übersetzen braucht, das Geheimnisvolle der Liebe, die hier besungen wird. Das Lied entstand, als die deutsche Mystik ihren Höhepunkt fand. Es ist ein Lied geistlicher Jesus- und Marienminne, eine Liebesmystik, in der man die Sehnsucht, die jeder Mensch nach Liebe hat, auf Jesus und Maria richtete. Lange hat man das Lied dem Schüler von Meister Eckehart, Heinrich Seuse, zugeschrieben. Das trifft wahrscheinlich nicht zu, aber es ist zumindest in dem geistigen Umfeld dieses Mystikers entstanden, und zwar wieder im Zisterzienserinnenkloster Medingen bei Lüneburg im Jahr 1335. In der geistlichen Lebensbeschreibung Seuses spielt es eine große Rolle. Er erzählt darin, dass ihm in einer Vision ein Spielmann tanzend dieses Lied vorgesungen und ihn tief in seinem Herzen berührt habe. Es ist also ein freudiges Tanzlied, das die Christen im 14. Jahrhundert an Weihnachten so gerne gesungen haben, dass es sich überall verbreitete.

Die erste Strophe ist voller Freude. Es wird nicht nur dazu aufgerufen, in der Melodie und im Spiel der Worte zwischen lateinisch und deutsch kommt diese Freude zum Ausdruck. Der Grund dieser Freude ist »unsers Herzens Wonne«, die in der Krippe liegt. Auf dem Schoß der Mutter leuchtet unsere Wonne wie die Sonne. Christus wird nicht aus der Distanz heraus betrachtet, sondern als der, der unseres Herzens Wonne ist, der als Sonne auch unser Herz erleuchtet und uns zum Jubeln, Tanzen und Springen bringt.

Die zweite Strophe nutzt Motive, die für die damaligen Zeit beziehungsweise diese Art von Mystik typisch waren. Diese vertrat nicht nur Heinrich Seuse, sondern vor allem viele Frauen der Beginenbewegung, die das Geheimnis Christi meditierten und dabei eine eigene Mystik entfalteten. Die Beginen waren vor allem in Städten lebende fromme Frauen, die ohne Gelübde zusammenlebten und so vor allem bürgerlichen Frauen eine eigene Laienfrömmigkeit ermöglichten. Entstanden im 12. Jahrhundert, verbreitete sich diese Bewegung zuerst in Belgien und dann in ganz Westeuropa.

In der zweiten Strophe des Liedes ist von der Sehnsucht nach dem »Jesus parvule« die Rede, dem kleinen Kind Jesus, das das Gemüt trösten soll. In der nächsten Zeile bezieht sich das Lied auf das Hohelied des Alten Testaments, in der die Braut ihren Bräutigam bittet: »Zieh mich her hinter dir!« (Hohelied 1,4). So singen die Mystikerinnen der damaligen Zeit diesen Satz der Braut als Bitte an Jesus. Jesus soll sie in Liebe zu sich ziehen. Dann wird ihre Sehnsucht erfüllt. Doch die Worte gelten nicht nur für die Frauenmystik. Wir – ob Frauen oder Männer, ob alt oder jung – singen diese Worte und drücken damit unsere Sehnsucht aus, von diesem Jesus in einzigartiger Weise geliebt zu werden und in dieser Liebe des kleinen Kindes die Erfüllung unserer Sehnsucht nach zärtlicher Liebe zu erleben.

Die dritte Strophe ist eine evangelische Umdichtung einer ursprünglichen Marienstrophe. Schon Luther hat den Hinweis auf Maria getilgt. Jetzt ist von der Liebe des Vaters die Rede und von unseren Sünden. Das ist typisch für seine Theologie: Nicht mehr Maria vermittelt uns die erlösende Liebe des Sohnes, sondern die Liebe des Vaters selbst. Die Geburt Jesu hat also ihren Grund in der Liebe des Vaters. Und in Jesus wird die Milde des Sohnes sichtbar. Wenn wir auf sie schauen, geben wir die Fixierung auf unsere Schuld auf. Wir fühlen uns von Gott bedingungslos angenommen.

Der Hinweis auf Maria in der ursprünglichen Fassung möchte das Geheimnis erfahrbar machen, dass Gott durch eine Frau Mensch geworden ist, dass die Frau uns also den Erlöser gebracht hat.

Maria wird so ein Bild für den mütterlichen Gott. Es ist nicht der väterliche, sondern der mütterliche Gott, der Mitleid mit uns Sündern hat und uns daher die Freuden des Himmels schenkt.

Die vierte Strophe fragt, wo denn die Freuden sind. Und sie gibt sich gleich selbst die Antwort, dass sie vor allem dort sind, wo die Engel neue Lieder singen. Die Bilder beziehen sich auf die Vollendung im Himmel. Dort werden wir am Gesang der Engel teilhaben und an den klingenden Zimbeln, mit denen sie ihr Lied im Haus des Königs begleiten. Dort wird ewige Freude sein und die Sehnsucht, mit dem Jesus, nicht mehr dem Kind, sondern dem König der Herrlichkeit, eins zu werden, erfüllt werden. Das Lied bezieht sich also nicht nur auf die Vergangenheit, sondern wirft seinen Blick nach vorne, auf die Ewigkeit, auf die Vollendung unseres Lebens in der Herrlichkeit Gottes. Dann wird das ewige Fest der Liebe gefeiert werden, auf das uns die Geburt Jesu im Stall von Betlehem hinweist. Wir feiern hier auf Erden Weihnachten, damit uns einst die Augen aufgehen und wir dieses Fest für immer feiern.

Wenn wir dieses alte Lied singen, das unsere Eltern und Großeltern schon gesungen und mit dem sie ihren Glauben ausgedrückt haben, so dürfen wir uns vorstellen, dass sie das, was wir im Glauben und mit unserer Sehnsucht besingen, jetzt für immer schauen und mit neuen Liedern feiern. Indem wir einstimmen in diese uralte Melodie, haben wir teil an der Liebe und an der Freude, mit der unsere Vorfahren dieses Lied gesungen haben. So kommen wir in diesem Lied in Berührung mit den tiefen Wurzeln unseres Glaubens. Wir sind getragen vom Glauben unserer Vorfahren.

»Stille Nacht, heilige Nacht«

T: Josef F. Mohr 1816, M: Franz X. Gruber 1818

1 / Stille Nacht, heilige Nacht!
Alles schläft, einsam wacht
nur das traute hochheilige Paar.
Holder Knabe im lockigen Haar,
schlaf in himmlischer Ruh,
schlaf in himmlischer Ruh!

2 / Stille Nacht, heilige Nacht!
Gottes Sohn, o wie lacht
lieb' aus deinem göttlichen Mund,
da uns schlägt die rettende Stund':
Christ, in deiner Geburt.
Christ, in deiner Geburt.

3 / Stille Nacht, heilige Nacht!
Die der Welt Heil gebracht,
aus des Himmels goldenen Höh'n
uns der Gnade Fülle lässt sehn:
Jesum in Menschengestalt,
Jesum in Menschengestalt.

4 / Stille Nacht, heilige Nacht!
Wo sich heut' alle Macht
väterlicher Liebe ergoss,
und als Bruder huldvoll umschloss
Jesus die Völker der Welt,
Jesus die Völker der Welt.

5 / Stille Nacht, heilige Nacht!
Lange schon uns bedacht,
als der Herr, vom Grimme befreit,
in der Väter urgrauer Zeit
aller Welt Schonung verhieß,
aller Welt Schonung verhieß.

6 / Stille Nacht, heilige Nacht,
Hirten erst kundgemacht!
Durch der Engel Halleluja
tönt es laut von Ferne und Nah:
Christ, der Retter, ist da!
Christ, der Retter, ist da!

Kein anderes Weihnachtslied ist so weit verbreitet wie dieses. Und gleichzeitig ist kein Lied auch so geschmäht worden: Es sei kitschig, es passe nicht in die Liturgie. Doch nach einer puristischen Phase trauen sich heute auch aufgeklärte Pfarrer und Pfarrerinnen, den Weihnachtsgottesdienst mit diesem Lied zu beschließen. Das Lied vereinigt alle, die Kritischen und die Bodenständigen, die Intellektuellen und die Einfachen. Es ruft Gefühle hervor, die jeder aus seiner Kindheit kennt. Und wenn man sich traut, das Lied zu singen, spürt man, dass es einem guttut, dass man ganz bei der Sache ist. Betrachtet man den Text genauer, erkennt man, dass er durchaus die biblische Botschaft vermittelt.

Das Entstehen des Liedes wurde oft so erzählt: In der kleinen Landgemeinde Oberndorf in der Nähe von Salzburg war Josef Mohr Kaplan. Ausgerechnet kurz vor Weihnachten 1818 versagte die alte Kirchenorgel, so dass der Gottesdienst ohne Orgel gefeiert werden musste. In seiner Not verfasste der Kaplan ein Weihnachtslied und bat den befreundeten Lehrer Franz Gruber, er solle es vertonen. In der Christmette erklang dieses Lied mit seinen sechs Strophen zum ersten Mal. Der Kaplan sang es gemeinsam mit dem Lehrer, der es auf seiner Gitarre begleitete. Neuere Forschungen zeigen, dass Mohr das Lied schon 1816 gedichtet hat, und zwar nicht in Oberndorf, sondern in Mariapfarr bei Salzburg. In der dortigen Pfarrkirche gibt es ein Gnadenbild, »auf dem das Jesuskind mit Locken zu sehen ist«. Der Kirchenhistoriker Guido Fuchs meint, dass sich der Kaplan von diesem Bild zu der Formulierung »holder Knabe im lockigen Haar« inspirieren ließ (Fuchs 135). Man hat zudem das Blatt entdeckt, auf dem das Lied notiert wurde. Darauf ist die Jahreszahl 1816 vermerkt. Auf diesem Originalblatt hat das Lied sechs Strophen, zweistimmig zur Gitarrenbegleitung (vgl. Fuchs 134). Vermutlich hat es der Priester im Jahr 1818 auch nicht während der Christmette gesungen, denn er dürfte wohl kaum die lateinische Messe unterbrochen haben. Vermutlich war nach der Christmette noch eine Krippenfeier, und so hat der Kaplan das Lied zweistimmig mit Franz Gruber vor der Krippe gesungen.

Offensichtlich hat es schon damals die Herzen der Menschen in der kleinen Landgemeinde angerührt. Es verbreitete sich rasend schnell, zuerst im Salzburger Land und in Tirol, dann auch in Deutschland. Unter dem Einfluss des preußischen Königs Wilhelm IV. wurde der Text ebenfalls ins evangelische Gesangbuch aufgenommen und später in viele Sprache übersetzt. Heute wird es auf der ganzen Welt gesungen als das »eigentliche« Weihnachtslied.

Es ist ein Volkslied, das das Herz anspricht. Man darf es nicht auf den theologischen Prüfstand stellen. Aber es will doch etwas Wesentliches von Weihnachten zum Ausdruck bringen. Jede Strophe beginnt mit »Stille Nacht, heilige Nacht«. Weihnachten hat mit Stille zu tun. In der Stille der Nacht wird Christus geboren. Die Weihnachtsbilder atmen diese Stille. Indem wir sie anschauen, bildet sich die Stille in uns ein. Genauso will die Stille, die in diesem Lied immer wieder besungen wird, unser Herz ergreifen und erfüllen. Weihnachten ist nicht nur ein Familienfest. Es ist auch ein mystisches Fest. Und dazu gehört die Stille. In ihr kann Christus in unserem Herzen geboren werden. Und dann wird die stille Nacht auch für uns eine heilige Nacht, eine Nacht, die geheiligt wird durch die Nähe Jesu. Die Geburt des göttlichen Kindes mitten in der Nacht vertreibt die Dunkelheit unserer seelischen Nächte.

Eigentlich hatte das Lied sechs Strophen, in denen das Geheimnis der Geburt Jesu durchaus auch in theologischen Bildern beschrieben wird. In den drei Strophen (1, 2 und 6), die heute noch gesungen werden, sind immerhin zwei wichtige theologische Aussagen zu finden: »Da uns schlägt die rettende Stund'«. Die Geburt Jesu ist der Anfang der Rettung, der Heilung unserer Wunden. Und in der letzten Strophe wird Jesus als der Retter besungen. Der Retter, der Heiland, der

Heiler ist da. Das ist die Frohe Botschaft. Alles andere sind nur Bilder für die heilende Nähe Jesu, der in der Stille unseres Herzens geboren werden will als der wahre Arzt unserer Seelen. Indem wir diese Bilder mit der volkstümlichen Melodie singen, kommen wir in Berührung mit all unseren Sehnsüchten, die wir als Kinder mit dem Weihnachtsfest verbunden haben, mit der Sehnsucht nach Liebe und Geborgenheit, nach Frieden, nach Verwandlung unserer oft so harten und grausamen Welt, nach dem Sieg der Liebe über den Hass. So wirkt das Lied unabhängig von den Aussagen, indem es in die Urgründe unserer Seele hineinreicht und dort unsere Seele öffnet für das Geheimnis einer Liebe, die die Welt verzaubert.

»O du fröhliche«

T: Johannes D. Falk 1816, Heinrich Holzschuher 1829, M: Sizilien, vor 1788

1 / O du fröhliche, o du selige,
gnadenbringende Weihnachtszeit!
Welt ging verloren, Christ ist geboren:
Freue, freue dich, o Christenheit!

2 / O du fröhliche, O du selige,
gnadenbringende Weihnachtszeit!
Christ ist erschienen, uns zu versühnen:
Freue, freue dich, o Christenheit!

3 / O du fröhliche, o du selige,
gnadenbringende Weihnachtszeit!
Himmlische Heere jauchzen dir Ehre:
Freue, freue dich, o Christenheit!

Ursprünglich war es ein Lied, das die Schiffer Siziliens für Maria sangen. Der Philosoph Johann Gottfried Herder brachte die sanfte Melodie im 4/4-Takt von seiner Reise nach Italien mit nach Deutschland. Ein Freund Herders, der evangelische Pfarrer Johannes Daniel Falk, betrieb damals in Weimar ein Haus für verwahrloste und gefährdete Kinder. Für sie dichtete er die erste Strophe. Seine Schützlinge konnten das Lied sofort mitsingen, nachdem Falk es ihnen nur zweimal vorgespielt hatte. Eigentlich hatte er es als Lied für Weihnachten, Ostern und Pfingsten gedacht. Er wollte so zusammen mit den beiden anderen Strophen das Geheimnis der drei großen Feste des Kirchenjahres den Kindern verständlich machen. Doch dann wurde es nur noch als Weihnachtslied gesungen. Daher brauchte es eine Entfaltung des Weihnachtsgeheimnisses in weiteren Strophen. Diese beiden weiteren Strophen dichtete ein Mitarbeiter Falks drei Jahre nach dessen Tod. Nicht nur die Kinder Falks sangen dieses einfache Lied gern. Es breitete sich schnell aus und wurde zu einem der beliebtesten Weihnachtslieder, leider oft genug auch verkitscht oder verstellt. Doch trotz der Einfachheit der Melodie und der Worte vermag es die Theologie von Weihnachten in drei einfachen Aussagen zu verdichten.

»Welt ging verloren, Christ ist geboren«, das ist die erste Botschaft. Die Menschen hatten sich selbst verloren, sich verstrickt in ihrer Gier nach Leben. Doch sie hatten das Leben verlernt. Da ist Christus geboren, um das verbrauchte Leben zu erneuern, um neues Leben zu bringen. In diesem Kind wird sichtbar, was im Menschen steckt. Gott selbst hat in ihm gezeigt, wie menschliches Leben gelingen kann, wenn es ganz und gar von göttlicher Liebe durchdrungen ist.

»Christ ist erschienen, uns zu versühnen«, ist die zweite Aussage. Wir Menschen sind unfähig, uns selbst anzunehmen, uns auszusöhnen mit der eigenen Lebensgeschichte und Versöhnung mit den Menschen um uns zu leben. Da ist Christus erschienen, um uns durch seinen liebevollen Umgang gerade mit denen, die sich als unannehmbar erfuhren, zu vermitteln: Versöhne dich mit dir. Denn ich habe alles, was in dir ist, durch meine Menschwerdung angenommen. Es gibt nichts in dir, was von meiner Liebe ausgeschlossen ist. So lass deine Liebe nun auch in alle Bereiche deines Leibes und deiner Seele strömen. So versöhnt mit dir kannst du auch versöhnt mit den Menschen leben.

Die dritte Strophe spricht von den »himmlischen Heeren«, die Christus Ehre zujauchzen. Weihnachten öffnet uns den Himmel. Wenn wir hier singen, haben wir teil am Lobgesang der Engel, die Christus in seiner wahren Gestalt schauen. Wir singen hier als Glaubende, aber im Singen haben wir teil am Schauen der Engel. Wenn wir mit ihnen das Geheimnis Jesu Christi schauen, dann sind wir für immer angekommen. Dann sind wir heil und ganz, in das Bild verwandelt, das wir schauen. Diese Gewissheit bringt uns mit der Freude in Berührung, die wir als Refrain nach jeder Strophe besingen. Die einfache Melodie hilft uns, diese weihnachtliche Freude über das Erscheinen des rettenden und heilenden Christus hörbar und erfahrbar zu machen.

»Kommet, ihr Hirten«

T: Karl Riedel 1870, M: Olmütz 1847

1 / Kommet, ihr Hirten, ihr Männer und Frau'n,
kommet, das liebliche Kindlein zu schau'n!
Christus, der Herr, ist heute geboren,
den Gott zum Heiland euch hat erkoren.
Fürchtet euch nicht!

2 / Lasset uns sehen in Betlehems Stall,
was uns verheißen der himmlische Schall!
Was wir dort finden, lasset uns künden,
lasset uns preisen in frommen Weisen.
Halleluja!

3 / Wahrlich, die Engel verkündigen heut'
Betlehems Hirtenvolk gar große Freud'.
Nun soll es werden Friede auf Erden,
den Menschen allen ein Wohlgefallen.
Ehre sei Gott!

Die Hirten spielen schon im Lukasevangelium eine wichtige Rolle in der Weihnachtsgeschichte. Der Engel verkündet die Frohe Botschaft, dass heute der Messias geboren ist, zunächst ihnen. Und es sind die Hirten, die zueinander sprechen: »Kommt, wir gehen nach Betlehem, um das Ereignis zu sehen, das uns der Herr verkünden ließ« (Lukas 2,15). Für viele Künstler war es ein beliebtes Motiv, auf den Weihnachtsbildern die Hirten darzustellen, wie sie mit ihren groben Händen das göttliche Kind in der Krippe anbeten und ihre Augen zu glänzen beginnen. Auch die Musik hat diese Motive vielfach aufgegriffen, und das lateinische Lied »Quem pastores laudaverunt« kann als der Ursprung der vielen Hirtenlieder angesehen werden, die vor allem in der Volksfrömmigkeit sehr beliebt waren. Doch auch die klassische Musik hat die Hirten zum Vorbild genommen. In den Weihnachtskonzerten der Komponisten Corelli, Locatelli, Torelli und Manfredini gibt es das sogenannte Pastorale, das der Hirtenmusik entnommen ist.

»Kommet, ihr Hirten, ihr Männer und Frau'n« ist ein böhmisches Volkslied aus der Mitte des 19. Jahrhunderts. Die Hirten sind hier als Vorbild für alle Männer und Frauen, für uns alle zu verstehen. Wir sollen mit den Hirten kommen, um das göttliche Kind in der Krippe zu schauen und zu erkennen: »Christus, der Herr, ist heute geboren, den Gott zum Heiland euch hat erkoren.« Das Lied bezieht sich auf die Engelbotschaft in der lukanischen Weihnachtsgeschichte. Und es meditiert in allen drei Strophen den Text dieses Evangeliums: zunächst die Botschaft des Verkündigungsengels, dann das Zwiegespräch der Hirten: »Lasset uns sehen in Betlehems Stall, was uns verheißen der himmlische Schall«. Und schließlich den Gesang der himmlischen Heerscharen: »Nun soll es werden Friede auf Erden, den Menschen allen ein Wohlgefallen.« Die Worte sind also alle biblisch, die Musik jedoch volkstümlich. Das Lied verzichtet auf die Deutung der Worte durch volkstümliche Bilder. Es will allein durch die eingängige Musik die Worte der Bibel in die Herzen der Menschen einprägen. Es vertraut darauf, dass Weihnachten Wirklichkeit wird in den Herzen derer, die es mit Hingabe singen.

»Engel auf den Feldern singen«

T und M: Frankreich 18. Jh., Ü: Marie L. Thurmair 1954

1 / Engel auf den Feldern singen,
stimmen an ein himmlisch' Lied,
und im Widerhall erklingen
auch die Berge jauchzend mit:
»Gloria in excelsis deo,
Gloria in excelsis deo!«

2 / Sagt mir, Hirten, wem die Freude,
wem das Lied der Engel gilt?
Kommt ein König, dass die Weite
so von Jubel ist erfüllt?

3 / Christ, der Retter, stieg hernieder,
der sein Volk von Schuld befreit,
und der Engel Dankeslieder
künden uns die Gnadenzeit.
Gloria in excelsis deo,
Gloria in excelsis deo!

4 / Hirten, nun verlasst die Herden,
stimmt ins Lob der Engel ein,
dass die Lüfte tönend werden
von dem Klange der Schalmein.
Gloria in excelsis deo,
Gloria in excelsis deo!

5 / Lasst nach Betlehem uns ziehen,
das ihn birgt im armen Stall,
lasst uns betend vor ihm knieen,
singen ihm mit Freudenschall.
Gloria in excelsis deo,
Gloria in excelsis deo!

Es ist ein altes französisches Volkslied, das in vielen Varianten überliefert worden ist. Im neuen Gotteslob wird die Übersetzung von Maria Luise Thurmair aus dem Jahr 1954 bevorzugt. Die Beliebtheit des Liedes hat sicher mit der eindrücklichen Melodie zu tun, die einfach ins Ohr geht. Im Mittelpunkt steht der Refrain, das »Gloria in excelsis Deo«, das die Engel den Hirten vorgesungen haben und das wir in jeder sonntäglichen Eucharistie als Loblied wiederholen, um Gottes große Taten zu preisen. In diesem Refrain stimmen wir fröhlich ein in den Lobgesang der Engel. Ihre Leichtigkeit und die Fröhlichkeit werden in dieser Melodie hörbar.

Die erste Strophe erzählt uns vom Lobgesang der Engel, von dem sogar die Berge widerhallen. Die ganze Schöpfung singt mit ihnen das Loblied von der Menschwerdung Gottes. Denn wenn Gott in Jesus Mensch wird, wird der ganze Kosmos dadurch verwandelt. Die zweite Strophe drückt die Überraschung der Hirten aus. Sie fragen sich, was da wohl geschehen ist, dass die Engel solche Freude verkünden. Ist da ein König erschienen, dass ein so großer Jubel erklingt? Die dritte Strophe gibt die Antwort auf ihre Frage: »Christ, der Retter, stieg hernieder, der sein Volk von Schuld befreit.« Hier wird in einem Satz die ganze Weihnachtsbotschaft zusammengefasst: Christus steigt zu uns hernieder, um bei uns zu sein. Er ist unser Retter, unser Heiland, der unsere Wunden heilt. Und er ist der Erlöser, der uns von der Schuld befreit. Im Blick auf ihn dürfen wir vertrauen, dass Gott uns alle Schuld vergibt.

In der vierten Strophe werden die Hirten aufgefordert, in das Lob der Engel einzustimmen, so dass auch die Lüfte den Schall überall hintragen. Die fünfte Strophe nimmt Bezug auf die Reaktion der Hirten, wie sie uns Lukas beschreibt: »Kommt, wir gehen nach Betlehem, um das Ereignis zu sehen, das uns der Herr verkünden ließ« (Lukas 2,15). Das Lied deutet diesen Vers um, indem es von der Anbetung spricht. Die Hirten wollen anbetend vor dem Kind niederknien. Sie spüren, dass in ihm etwas sichtbar wird, was sie in die Knie zwingt: die unbegreifliche Liebe Gottes, die zu uns herabgestiegen ist, um wie wir Mensch zu werden.

Es ist ein einfacher Text, eine fröhliche Musik, wie sie typisch ist für Volksmusik. Das Entscheidende ist nicht, dass wir das Geheimnis von Weihnachten mit dem Verstand begreifen. Es soll uns vielmehr zu Herzen gehen. Es soll sich in unser Herz einprägen. Und das tut es durch dieses Lied. Das Gloria, das so fröhlich wiederholt wird, will alles Dunkle und Traurige aus unserem Herzen vertreiben. Es soll Weihnachten in uns werden. Das Lied der Engel wird bewusst im lateinischen Wortlaut überliefert. Es ist ein Lied, das auf der ganzen Welt erklingt, in jedem Land in gleicher Sprache – in der Sprache der Engel. Das Gloria mit seinem hellen »O« will nicht nur ins Herz eindringen, sondern in die Tiefen unseres Unbewussten: Überall soll die Freude über die Geburt des Herrn in diesem Gloria erklingen und die Welt unserer eigenen Seele, aber auch die Welt um uns herum verwandeln. Indem wir das schöne volkstümliche Weihnachtslied singen, bringen wir einen neuen Ton in diese harte Welt. Da wird die Leichtigkeit der Engel hörbar und lässt unsere Herzen leichter werden.

»Singen wir mit Fröhlichkeit«

T: nach »Kirchenlied« 1938, Str. 2-4 1978 nach »Resonat in laudibus«, M: Seckau 1345

1 / Singen wir mit Fröhlichkeit,
loben Gott in Ewigkeit,
seinen Sohn gibt er uns heut':

Erschienen ist, den uns gebor'n Maria.
Nun erfüllt sich, was verkündet Gabriel.
Eja, eja, eine Jungfrau wunderbar
Gott den Heiland uns gebar
nach ew'gem Rat.
Heut, ja heut erschienen ist,
erschienen ist der Christenheit
Gottes Sohn, den loben wir in Ewigkeit.

2 / Freue dich, Jerusalem,
Licht strahlt auf in Betlehem,
wie verheißen ehedem:

Erschienen ist, den uns gebor'n Maria.
Nun erfüllt sich, was verkündet Gabriel.
Eja, eja, eine Jungfrau wunderbar
Gott den Heiland uns gebar
nach ew'gem Rat.

Heut, ja heut erschienen ist,
erschienen ist der Christenheit
Gottes Sohn, den loben wir in Ewigkeit.

3 / Zion, preis den Herren dein,
der uns macht von Sünden rein
und der Menschen Heil will sein:

Erschienen ist, den uns gebor'n Maria.
Nun erfüllt sich, was verkündet Gabriel.
Eja, eja, eine Jungfrau wunderbar
Gott den Heiland uns gebar
nach ew'gem Rat.
Heut, ja heut erschienen ist,
erschienen ist der Christenheit
Gottes Sohn, den loben wir in Ewigkeit.

4 / Der im Himmelreich regiert,
kam zu uns als guter Hirt,
heimzuführen, was sich verirrt:

Erschienen ist, den uns gebor'n Maria.
Nun erfüllt sich, was verkündet Gabriel.
Eja, eja, eine Jungfrau wunderbar
Gott den Heiland uns gebar
nach ew'gem Rat.
Heut, ja heut erschienen ist,
erschienen ist der Christenheit
Gottes Sohn, den loben wir in Ewigkeit.

Eines der ältesten Weihnachtslieder ist das lateinische »Resonet in laudibus«. Es ist uns erstmals aus Seckau im Jahr 1345 überliefert. Aber es ist sicher älter. Im Deutschen wurde es mit dem Text »Joseph, lieber Joseph mein« gesungen – ein Wiegenlied, wie es typisch ist für die alten Weihnachtslieder. Im Gotteslob ist der ursprüngliche Text des »Resonet in laudibus« neu übersetzt. Wenn wir den alten Text heute singen, ist es dennoch wichtig, sich an die mystische Tradition des Kindleinwiegens zu erinnern, auf die dieses Lied zurückgeht.

Vor allem in den Frauenklöstern des 14. Jahrhunderts war das Kindleinwiegen eine konkrete Form der Mystik. Von der Mysterikerin Margareta Ebner wird erzählt, dass sie in ihrer Zelle eine Krippe hatte, in dem ein aus Holz geschnitztes Kind lag. In der Weihnachtszeit nahm sie es an ihre Brust und wiegte es hin und her. Sie wollte die Liebe, die in diesem göttlichen Kind sichtbar erschienen ist, in diesem Wiegen konkret erleben. Die Wiegenlieder als die ursprünglichen Weihnachtslieder gehen auf die Erfahrung dieser Frauen zurück. Von dort aus ging dieser Brauch in die vielen Weihnachtsspiele ein, die man in den Gemeinden gerne aufführte. Man konnte die Geburt Jesu nicht darstellen. Doch das Kindleinwiegen konnte den Zuschauern vor Augen geführt werden. Es war die Art und Weise, wie die Menschen auf die Geburt Jesu reagierten. Zu diesem Wiegen wollte man singen. So entstanden immer neue Wiegenlieder. »Singen wir mit Fröhlichkeit« ist ein solches altes Wiegenlied. Indem wir es heute singen, will uns die Zärtlichkeit der Liebe Gottes erfahrbar werden. Wir haben darin teil an der Glaubenskraft der vielen Männer und Frauen, die vor 700 Jahren dieses Lied gesungen haben. Und wir haben teil an ihrer mystischen Erfahrung, dass die Menschwerdung Jesu vor allem Ausdruck der Liebe Gottes ist, einer sehr menschlichen Liebe, die in uns eindringen will. Das Kindleinwiegen war für diese Männer und Frauen ein konkreter Weg, wie diese Liebe nicht nur geglaubt, sondern gespürt werden kann. Singen wir gemeinsam mit ihnen, dass auch uns etwas von dieser mystischen Erfahrung der unüberbietbaren Liebe Gottes erfahrbar und spürbar wird.

Eine bayerische Chronik aus dem 16. Jahrhundert zeigt uns, dass zu diesem Lied damals die Buben und Mädchen um den Altar tanzten. Für sie war es also ein Tanzlied. Die Musik passt sowohl zum Wiegen als auch zum Tanzen. Im Tanzen haben die Kinder ihre Freude über die Geburt Jesu ausgedrückt.

Die Strophen, die zu dem Wiegenlied und zur Wiegenmelodie gesungen werden, sind jedoch weder kindlich, noch atmen sie die mystische Atmosphäre des Kindleinwiegens. Sie beinhalten vielmehr theologische Aussagen, die auf biblischen Verheißungen gründen. Da ist in der ersten Strophe von der wunderbaren Geburt des Heilands aus Maria die Rede. Die zweite Strophe nimmt Bezug auf die Verheißung des Propheten Jesaja (Jesaja 60), dass das Licht Gottes alles in Jerusalem erleuchtet. Die dritte Strophe deutet die Geburt Jesu als Gewissheit, dass unsere Sünden vergeben werden. Und sie hat eine heilende Wirkung auf uns. In der vierten Strophe wird Jesaja, Kapitel 40, zitiert, wo zu lesen ist, dass Jesus als der gute Hirte zu uns kommt. Er will uns, die wir uns selbst verloren haben, heimführen in den Raum Gottes, in dem wir geborgen und geschützt sind. So werden diese theologischen Aussagen spielerisch durch die wiegende und tanzende Musik als frohe Botschaft gedeutet, auf die wir nur singend und tanzend antworten können.

»Nun freut euch, ihr Christen«

T: Nach »Adeste, fideles«, Jean F. Borderies, Ü: Joseph Mohr 1873,
M: John Reading, vor 1681

1 / Nun freut euch, ihr Christen, singet Jubellieder
und kommet, o kommet nach Betlehem.
Christus, der Heiland, stieg zu uns hernieder.
Kommt, lasset uns anbeten,
kommt, lasset uns anbeten,
kommt, lasset uns anbeten
den König, den Herrn.

2 / O sehet, die Hirten eilen von den Herden
und suchen das Kind nach des Engels Wort.
Geh'n wir mit ihnen, Friede soll uns werden.
Kommt, lasset uns anbeten,
kommt, lasset uns anbeten,
kommt, lasset uns anbeten
den König, den Herrn.

3 / Der Abglanz des Vaters, Herr der Herren alle,
ist heute erschienen in unserm Fleisch:
Gott ist geboren als ein Kind im Stalle.
Kommt, lasset uns anbeten,
kommt, lasset uns anbeten,
kommt, lasset uns anbeten
den König, den Herrn.

4 / Schaut, wie er in Armut
liegt auf Stroh gebettet,
o schenken wir Liebe für Liebe ihm!
Jesus, das Kindlein, das uns all errettet:
Kommt, lasset uns anbeten,
kommt, lasset uns anbeten,
kommt, lasset uns anbeten
den König, den Herrn.

Das Lied ist eine Übersetzung des ursprünglich lateinischen Textes: »Adeste fideles«, der vom französischen Priester Jean François Borderies (1764–1832) geschrieben wurde. Der Hintergrund dazu war, dass er vor der Französischen Revolution nach England floh und dort den katholischen Lehrer John Francis Wade (1710–1784) kennenlernte. Dieser hatte ein Gedicht geschrieben zum Thema »Adeste fideles«. Borderies dichtete es um. Von diesem lateinischen Text gibt es zwei Übersetzungen. Das evangelische Gesangbuch hat die von Heinrich Ranke geschaffene Übersetzung »Herbei, o ihr Gläubigen« übernommen. Das katholische Gotteslob bevorzugt dagegen die von Joseph Mohr stammende Übersetzung aus dem Jahr 1873. Die festliche und schwungvolle Melodie hat bewirkt, dass das Lied auch heute noch gerne gesungen wird.

Es fordert uns auf, mit den Hirten nach Betlehem zu gehen und dort vor der Krippe Jubellieder zu singen. Der Refrain lädt immer wieder von Neuem dazu ein, das Kind in der Krippe anzubeten. Anbetung bedeutet, einfach vor dem Kind niederzufallen und sich ihm ganz und gar hinzugeben, sich selbst und seine Sorgen dabei zu vergessen. Anbetung meint: reine Präsenz. Einfach nur da sein und schauen und sich vor dem Geheimnis dieses Kindes verneigen. Die Verheißung der zweiten Strophe sagt uns, dass die Anbetung gemeinsam mit den Hirten uns Frieden schenken wird. Wenn wir uns selbst in der Anbetung vergessen und ganz im Schauen aufgehen, erfahren wir inneren Frieden. Denn dann schweigen unsere ständigen Überlegungen, ob das, was wir tun, auch richtig ist oder wie die anderen Menschen es bewerten. Wir sind einfach da. Und dieses reine Dasein erfüllt uns mit Frieden.

Die dritte Strophe spricht vom »Abglanz des Vaters«, der in unserem Fleisch erschienen ist. Im lateinischen Text heißt es: »velatum sub carne«: Wir sehen den Abglanz des Vaters, verhüllt im Fleisch. Das ist das Geheimnis von Weihnachten: dass der unsichtbare Glanz Gottes für uns sichtbar erscheint, im Fleisch, in einem Kind, das in Windeln gewickelt ist.

Die vierte Strophe spricht von der Liebe, die das Kind in der Krippe in uns erzeugt. In ihm erkennen wir die Liebe Gottes: »Also hat Gott die Welt geliebt, dass er seinen einzigen Sohn uns schenkte« (Johannes 3,16). Wenn wir in diesem armen und hilflosen Kind die übergroße Liebe Gottes erkennen, können wir nicht anders, als dieses Kind und in ihm Gott selbst, der zu uns herabgestiegen ist, zu lieben. Darin liegt der Sinn von Weihnachten, dass wir durch den Blick auf das

Kind in der Krippe zur Liebe zu Gott, der sich in seiner großen Liebe zu uns herabbeugt, angeregt werden, aber auch zur Liebe zum Nächsten. Denn in jedem Menschen sollen wir durch Weihnachten Christus erkennen, oft genug verhüllt, nicht nur durch das Fleisch, sondern auch durch den Schleier von Härte oder Kälte, der Christus im Antlitz des anderen verdunkelt. Aber es gilt, dahinter Christus selbst in jedem Menschen zu erkennen. Wie Benedikt in seiner Regel sagt, sollen wir Christus in jedem Bruder und in jeder Schwester anbeten, uns innerlich vor ihm verneigen. Das führt uns zu einem anderen Umgang mit den Menschen, denen wir begegnen. Jede Begegnung kann so zur Begegnung mit Christus werden. So werden wir hinter dem Schleier einer oft allzu menschlichen Fassade den Abglanz des Vaters entdecken.

»Hört, es singt und klingt mit Schalle«

T: Markus Jenny 1973 nach »Quem pastores laudavere« 15Jh.,
M: Hohenfurt um 1450/Prag 1541

1 / Hört, es singt und klingt mit Schalle:
Fürcht´ euch nicht, ihr Hirten alle.
Macht euch auf, geht hin zum Stalle:
Gott ward Mensch, des freut euch sehr.

2 / Seht, ein Stern ist aufgegangen
denen, die in Nacht gefangen.
Zu dem Kinde voll Verlangen
zieh'n von fern die Könige her.

3 / Mit den Hohen und Geringen
woll'n auch wir ihm Gaben bringen,
Gloria voll Freude singen
mit der Engel großem Heer.

4 / Denn er ist zur Welt gekommen
für die Sünder und die Frommen,
hat uns alle angenommen,
uns zum Heil und Gott zur Ehr.

Dieses Lied gehört zu den sogenannten Quempas-Liedern. Der Name ist vom lateinischen Lied »Quem pastores laudaverunt« abgeleitet. Im Jahr 1930 erschien erstmals ein Heft zum Quempas-Singen, das meint: »das Singen echter, ursprünglicher, sozusagen ungehobelter alter Weihnachtslieder im Gegensatz den geschliffenen und weichgespülten Produkten des 19. Jahrhunderts« (Die Lieder des Gotteslob, 535).

Das Lied »Hört, es singt und klingt mit Schalle« ist eine freie Nachdichtung des Schweizer Theologen und Kirchenmusiker Markus Jenny aus dem Jahr 1971. Die Melodie ist in ihrem wiegenden Dreiermetrum verwandt mit anderen weihnachtlichen Melodien aus dem 14. Jahrhundert, wie etwa »Resonet in laudibus«, »Singen wir mit Fröhlichkeit«. Die älteste Handschrift dieses Liedes stammt aus dem böhmischen Zisterzienserkloster Hohenfurt und ist 1450 entstanden. Doch das Lied ist sicher schon älter und wurde in verschiedenen

Varianten überliefert. Die Melodie zeigt, dass das Lied zur mystischen Tradition des Kindleinwiegens gehört. Zugleich ist es mit seinem schaukelnden Rhythmus auch ein Schlaflied.

Im lateinischen Text steckt die Aufforderung an den Singenden, gemeinsam mit den Hirten und den Königen dem Kind Gaben zu bringen und gemeinsam mit Maria und den Engeln über das Kind zu frohlocken. Markus Jenny hat in seiner Übertragung ins Deutsche dem Lied eine etwas andere Richtung gegeben: Wie die Hirten sollen wir uns nicht fürchten, sondern uns mit ihnen auf den Weg zum Stall machen. Dort finden wir das Geheimnis: Gott ist Mensch geworden. Der Stern, der den Weisen im Orient aufgegangen ist, wird auf uns bezogen: Wir sind »in Nacht gefangen«. So sollen wir wie die Weisen, wie die Könige aus dem Orient, unserer Sehnsucht folgen und dem Kind unsere Gaben bringen. Dann wird die innere Nacht in uns erhellt werden vom Licht Christi.

Die vierte Strophe erläutert die Theologie des Weihnachtsfestes: Gott ist zur Welt gekommen, um uns Menschen bedingungslos anzunehmen. Er hat in seiner menschlichen Natur jeden angenommen, sowohl die Frommen als auch die Sünder. Und er hat unser verwundetes Menschsein geheilt. Diese theologische Wahrheit wird in einer wiegenden Melodie gesungen. Sie lässt die Liebe hörbar werden, die in dem Kind in der Krippe für uns erschienen ist. In dieser Liebe fühlen wir uns angenommen. So wird das Weihnachtsgeheimnis im Singen für uns erfahrbar.

»Jauchzet, ihr Himmel, frohlocket, ihr Engel, in Chören«

T: Gerhard Tersteegen 1731, M: Halle 1741 nach Stralsund 1665

1 / Jauchzet, ihr Himmel, frohlocket ihr Engel in Chören,
singet dem Herren, dem Heiland der Menschen, zu Ehren!
Sehet doch da:
Gott will so freundlich und nah
zu den Verlor'nen sich kehren.

2 / Jauchzet, ihr Himmel, frohlocket ihr Enden der Erden!
Gott und der Sünder, sie sollen zu Freunden nun werden.
Friede und Freud
wird uns verkündiget heut.
Freuet euch, Hirten und Herden.

3 / Sehet dies Wunder, wie tief sich der Höchste hier beuget.
Sehet die Liebe, die endlich als Liebe sich zeiget.
Gott wird ein Kind,
träget und hebet die Sünd.
Alles anbetet und schweiget.

4 / Gott ist im Fleische – wer kann dies Geheimnis verstehen?
Hier ist die Pforte des Lebens nun offen zu sehen.
Gehet hinein,
eins mit dem Kinde zu sein,
die ihr zum Vater wollt gehen!

5 / Hast du denn, Höchster, auch meiner noch wollen gedenken?
Du willst dich selber, dein Herz, deine Liebe, mir schenken.
Sollt nicht mein Sinn
innigst sich freuen darin
und sich in Demut versenken?

6 / König der Ehren, aus Liebe geworden zum Kinde,
dem ich auch wieder meine Herze in Liebe verbinde:
Du sollst es sein,
den ich erwähle allein;
ewig entsag' ich der Sünde

7 / Süßer Immanuel, werd auch in mir nun geboren.
Komm doch mein Heiland, denn ohne dich bin ich verloren!
Wohne in mir,
mache mich eines mit dir,
der du mich liebend erkoren.

Dieses Lied hat der evangelische Mystiker Gerhardt Tersteegen (1697–1769) gedichtet. Er musste sein Theologiestudium abbrechen und arbeitete zunächst als Kaufmann, dann als Weber. Tersteegen war nicht festgelegt. So kam er in Kontakt mit dem niederländischen Pietismus, war aber auch offen für die katholische Tradition. Kritik übte er an der einseitigen Betonung des Wortes in vielen reformatorischen Strömungen und verteidigt dagegen die Mystik als wichtige Weise der Gottesbegegnung. Gott will in unserem Herzen wohnen, das ist seine Botschaft. Diese versucht er auch in »Jauchzet, ihr Himmel« zu vermitteln.

Die ersten drei Strophen deuten das Weihnachtsgeheimnis auf theologische Weise: Gott kommt in dem Kind in der Krippe den Menschen nahe, vor allem aber den Verlorenen. Das wird in der zweiten Strophe weiter entfaltet: »Gott und der Sünder, die sollen zu Freunden nun werden.« Damit wird das Geheimnis der Erlösung von unserer Schuld in einem Bild beschrieben: Gott und der Sünder werden zu Freunden. Der Sünder darf sich Gott wieder nahen, weil Gott sein Freund geworden ist. Der Freund macht dem Freund keine Vorwürfe. Er nimmt ihn mit auf seinen Weg. Und auf diesem Weg wandelt er sich. Da wird der Sünder zum Frommen.

Die dritte Strophe deutet die Geburt Jesu als Zeichen der Liebe Gottes, die sich zu uns herabbeugt, die für uns ein Kind wird, damit wir es in den Arm nehmen können. Auf das Herabsteigen Gottes können wir nur mit Anbetung und Schweigen antworten. Hier wird wieder die mystische Dimension des Liedes spürbar: Das Geheimnis kann man letztlich nicht mit dem Verstand begreifen. Erst wenn wir unsere rationalen Überlegungen zum Schweigen bringen und einfach vor dem göttlichen Kind in der Krippe anbetend niederfallen, kann uns das Geheimnis der Menschwerdung aufgehen.

Die vierte Strophe verbindet die theologische Aussage mit der mystischen Sehnsucht: »Gott ist im Fleische«, das ist das Geheimnis von Weihnachten. Aber das ist nicht nur eine theologische Aussage. Vielmehr ist der menschgewordene Sohn Gottes die Pforte des Lebens. Wir sollen durch sie eintreten, um eins mit dem Kind zu sein. Hier geht es um die mystische Erfahrung des Einswerdens.

In der fünften bis siebten Strophe wird diese mystische Erfahrung weiter entfaltet. In der fünften Strophe geht es um das Geschenk der Liebe Gottes an uns. Gott will uns sein Herz der Liebe schenken. Darüber sollen wir uns freuen und uns darin in Demut versenken. Wir sollen eintauchen in diese Liebe. In der sechsten Strophe wird unsere Antwort auf diese Liebe beschrieben: Wir sollen unser Herz in Liebe mit dem liebenden Herzen

Gottes verbinden. Das hat zwei Konsequenzen. Erstens sollen wir allein Gott erwählen und uns allein Gott zur Verfügung stellen. Zweitens sollen wir der Sünde entsagen. Denn die Nähe Gottes verträgt sich nicht mit der Sünde. In der siebten Strophe wird die mystische Vereinigung sichtbar: Immanuel, was übersetzt »Gott mit uns« heißt, wird in uns geboren. Und so bittet der Dichter: »Wohne in mir, mach mich ganz eines mit dir, der du mich liebend erkoren.«

Darum geht es an Weihnachten: dass Gott in uns geboren wird, dass er in uns wohnt und wir mit Gott eins werden, dass wir die Liebe Gottes spüren, die alles in uns verbindet – Licht und Dunkel, aber auch Gott und Mensch. Es geht um die Vereinigung mit Gott auf dem Grund unseres Herzens. Es ist also ein mystisches Fest, an dem wir die Stille suchen, damit in der Stille Gott in uns geboren werden kann und Gottes Liebe alles in uns durchdringt, alles in uns in die Einheit mit Gott hineinhebt. Der deutsche Mystiker Johannes Tauler meint: Wenn Gott nicht in uns geboren wird, dann werden irdische Dinge in uns geboren wie Geld oder Erfolg. Dann sind wir verloren. Wir finden unser ursprüngliches Selbst, unseren inneren Kern, das einmalige Bild Gottes in uns nur, wenn Gott in uns geboren wird. Durch Gottes Geburt im Grund unserer Seele finden wir unser wahres Wesen.

»Menschen, die ihr wart verloren«

T: Christoph B. Verspoell 1810, M: Christoph B. Verspoell 1810, Trier 1847

1 / Menschen, die ihr wart verloren,
lebet auf, erfreuet euch!
Heut ist Gottes Sohn geboren,
heut ward er den Menschen gleich.

Lasst uns vor ihm niederfallen,
ihm soll unser Dank erschallen:
»Ehre sei Gott, Ehre sei Gott,
Ehre sei Gott in der Höhe!«

2 / Welche Wunder reich an Segen
stellt uns dies Geheimnis dar!
Seht, der kann sich selbst nicht regen,
durch den alles ist und war.

Lasst uns vor ihm niederfallen,
ihm soll unser Dank erschallen:
»Ehre sei Gott, Ehre sei Gott,
Ehre sei Gott in der Höhe!«

3 / Selbst der Urquell aller Gaben
leidet solche Dürftigkeit!
Welche Liebe muss der haben,
der sich euch so ganz geweiht!

Lasst uns vor ihm niederfallen,
ihm soll unser Dank erschallen:
»Ehre sei Gott, Ehre sei Gott,
Ehre sei Gott in der Höhe!«

4 / Menschen! Liebt, o liebt ihn wieder
und vergesst der Liebe nie!
Singt mit Andacht Dankeslieder
und vertraut, er höret sie!

Lasst uns vor ihm niederfallen,
ihm soll unser Dank erschallen:
»Ehre sei Gott, Ehre sei Gott,
Ehre sei Gott in der Höhe!«

Das Lied des katholischen Priesters und Gesanglehrers Christoph Bernhard Verspoell (1743–1818) wurde ins neue Gotteslob aufgenommen. Verspoell lebte im Zeitalter der Aufklärung und wollte, gerade weil der Glaube damals häufig nur vom Verstand her gedeutet und begriffen wurde, ein Lied schreiben, das die Herzen der Menschen berührte. Die Melodie, die dabei wesentlich ist, hat er ebenfalls selbst komponiert. Dank ihr wurde dieses Weihnachtslied vor allem in West- und Norddeutschland sehr beliebt. Es gilt dort sogar »als emotional hoch besetzter Schlager« (Lieder des Gotteslob, 775).

Verspoell dichtete zehn Strophen für das Lied. Davon hat man nur vier im Gotteslob übernommen. Die innere Einheit des Liedes wird jedoch durch die ausgelassenen Strophen nicht mehr so deutlich.

Die erste Strophe geht von unserer Situation als Menschen aus: Wir haben uns selbst verloren. Wir haben unsere Mitte, den Sinn unseres Lebens, unser wahres Wesen verloren. Doch unserer Verlorenheit gilt die frohe Botschaft, dass uns heute Gottes Sohn geboren ist. In der zweiten Strophe wird das Geheimnis beschrieben, dass der Schöpfer der Welt in einer engen Krippe liegt und sich selbst nicht regen kann. Die dritte Strophe beschreibt diesen Gegensatz noch weiter: Es ist der Urquell aller Gaben, der solche Armut, solche Dürftigkeit erleidet. Der Grund dieser Erniedrigung ist die Liebe. Gott hat sich in dem Kind uns selbst geschenkt. Verspoell spricht hier von »geweiht«. Er spielt damit auf das Wort »Weihnachten« an: Unsere Nacht ist geweiht worden, eine geweihte Nacht geworden, weil Gott sich selbst uns geweiht hat. In der vierten Strophe werden wir dazu aufgerufen, die Liebe Gottes, die im Kind in der Krippe für uns sichtbar geworden ist, mit unserer Liebe zu beantworten.

Auf alle Aussagen, die das Geheimnis von Weihnachten deuten, sollen wir gemeinsam mit den Hirten niederfallen und in den Lobgesang der Engel einstimmen: »Ehre sei Gott in der Höhe!« Verspoell hatte vorgesehen, dass die Strophen jeweils von einem Vorsänger gesungen werden. Die Gemeinde stimmte dann mit dem Refrain ein. Sie sollte sich bewusst sein, dass ihr Gesang am Lobgesang der Engel teilhat und sich über ihrem Gesang der Himmel öffnet.

Verspoell wollte den Christen in der Aufklärungszeit ein Lied schenken, das gegen den Geist der Zeit auf das Herz und das Gemüt setzt. Unbewusst hat er jedoch durchaus Gedanken der Aufklärung aufgegriffen. So ist es kein erzählendes Lied wie viele andere alte Weihnachtslieder, sondern eines, das das Geheimnis von Weihnachten mit eher rationalen Argumenten erklärt. Aber diese rationale Erklärung bekommt durch die emotionale Melodie einen neuen Geschmack. Sie klingt nicht mehr »vernünftig«, sondern lässt das Geheimnis neu aufklingen. Damit wird sie dem Wesen der Dogmatik gerecht, denn Dogmatik bedeutet nicht, alles genau zu wissen, sondern auch mit rationalen Begriffen das Geheimnis offen zu halten. Das ist Verspoell gelungen. So dürfen wir hoffen, dass sein Lied auch uns heute, den so rational denkenden Menschen, das Geheimnis von Weihnachten nahebringt.

»Als ich bei meinen Schafen wacht«

T: Köln 1621, M: Würzburg 1622

1 / Als ich bei meinen Schafen wacht',
ein Engel mir die Botschaft bracht'.
Des bin ich froh, bin ich froh,
froh, froh, froh, oh, oh, oh!
Benedicamus Domino! Benedicamus Domino!

2 / Er sagt', es soll geboren sein
zu Betlehem ein Kindelein.
Des bin ich froh, bin ich froh,
froh, froh, froh, oh, oh, oh!
Benedicamus Domino! Benedicamus Domino!

3 / Er sagt', das Kind liegt dort im Stall
und soll die Welt erlösen all'.
Des bin ich froh, bin ich froh,
froh, froh, froh, oh, oh, oh!
Benedicamus Domino! Benedicamus Domino!

4 / Als ich das Kind im Stall geseh'n,
nicht wohl konnt' ich von dannen geh'n.
Des bin ich froh, bin ich froh,
froh, froh, froh, oh, oh, oh!
Benedicamus Domino! Benedicamus Domino!

5 / Das Kind mir sein' Äuglein wandt,
mein Herz gab ich in seine Hand.
Des bin ich froh, bin ich froh,
froh, froh, froh, oh, oh, oh!
Benedicamus Domino! Benedicamus Domino!

6 / Demütig küsst' ich seine Füß',
davon mein Mund ward zuckersüß.
Des bin ich froh, bin ich froh,
froh, froh, froh, oh, oh, oh!
Benedicamus Domino! Benedicamus Domino!

7 / Als ich heimging, das Kind wollt' mit
und wollt' von mir abweichen nit.
Des bin ich froh, bin ich froh,
froh, froh, froh, oh, oh, oh!
Benedicamus Domino! Benedicamus Domino!

8 / Das Kind legt' sich an meine Brust
und macht' mir da all' Herzenslust.
Des bin ich froh, bin ich froh,
froh, froh, froh, oh, oh, oh!
Benedicamus Domino! Benedicamus Domino!

9 / Den Schatz muss ich bewahren wohl,
so bleibt mein Herz der Freuden voll.
Des bin ich froh, bin ich froh,
froh, froh, froh, oh, oh, oh!
Benedicamus Domino! Benedicamus Domino!

Das Lied ist zum ersten Mal 1621 in Köln gedruckt worden, später dann in Würzburg 1622. Als Verfasser der Würzburger Liedersammlung gilt Friedrich Spee. Das Lied hat daher Ähnlichkeiten mit »Zu Betlehem geboren«. Ob es tatsächlich von Spee gedichtet wurde oder in seinem Umkreis entstanden ist, können wir heute nicht mehr mit Sicherheit sagen. In jedem Fall richtete es sich an junge Menschen. Es wurde vermutlich von den Jesuiten im Religionsunterricht verwendet oder in der Katechese für junge Menschen und wollte ihnen das Geheimnis von Weihnachten verständlich machen. Dabei war nicht nur der Text von Bedeutung, sondern auch die Melodie, die einfach zu erlernen ist. Es war ursprünglich als Echo-Lied gedacht, das heißt: Ein Vorsänger intonierte die Strophen, dann die jungen Menschen den Refrain. Das dreimalige »froh« und das dreimalige »oh«

dienten als Echo. Anschließend stimmen alle in den lateinischen Schluss ein: »Benedicamus Domino«.

Das Lied ist aus der Perspektive einer der Hirten geschrieben. In der ersten Strophe erzählt er von sich persönlich, was er in der Nacht bei seinen Schafen erlebte. Es ist also ein persönliches Lied, das mich einladen will, meine eigene Erfahrung mit Weihnachten zu machen. Ich selbst bin es, der mit den Hirten wacht. Und mir persönlich hat der Engel die Botschaft gebracht – eine Botschaft, die froh macht. Diese Botschaft wird dann in der zweiten und dritten Strophe entfaltet. Die kurzen Sätze greifen das auf, was im Lukasevangelium erzählt wird: »Heute ist euch in der Stadt Davids der Retter geboren; er ist der Messias, der Herr. Und das soll euch als Zeichen dienen: Ihr werdet ein Kind finden, das, in Windeln gewickelt, in einer Krippe liegt« (Lukas 2,11f). Diese Engelsbotschaft wird hier in kurzen prägnanten Worten wiedergegeben. Zugleich wird sie gedeutet: Das Kind im Stall von Betlehem will die Welt erlösen. Das, was da in diesem engen Stall geschehen ist, hat eine Auswirkung auf die ganze Welt. Hier liegt die Erlösung aller Menschen.

In der vierten und fünften Strophe erzählt nun der Hirte, dass er in den Stall geht und dort das Kind findet. Das Kind wendet ihm die »Äuglein« zu. Das verwandelt den Hirten völlig. Seine

Antwort ist, dass er dem Kind sein Herz schenkt, dass er sein Herz in die Hand des Kindes gibt. Es geht also wieder um eine mystische Erfahrung: Wer auf das Kind in der Krippe schaut und von ihm liebevoll angeschaut wird, der kann gar nicht anders, als ihm sein Herz zu schenken, mit ihm eins zu werden.

Dieses Lied ist auch heute noch dazu geeignet, jungen Menschen die Botschaft von Weihnachten nahezubringen, selbst wenn die heutige Jugend dafür andere Musik verwenden würde. Das Lied gilt aber ebenso für die Erwachsenen: An Weihnachten sollen wir mit dem Kind in uns in Berührung kommen, damit wir das Geheimnis des Kindes in der Krippe verstehen können. Wir brauchen ein kindliches Gemüt, um uns von Weihnachten verwandeln und uns mit der Liebe des Kindes erfüllen zu lassen.

»Ihr Kinderlein, kommet«

T: Christoph von Shmid 1798,
M: Johann Abraham Peter Schulz 1794

1 / Ihr Kinderlein kommet, o kommet doch all'!
Zur Krippe her kommet in Betlehems Stall.
Und seht, was in dieser hochheiligen Nacht
der Vater im Himmel für Freude uns macht.

2 / Da liegt es, das Kindlein, auf Heu und auf Stroh;
Maria und Josef betrachten es froh;
die redlichen Hirten knien betend davor,
hoch oben schwebt jubelnd der Engelein Chor.

3 / O beugt wie die Hirten anbetend die Knie.
Erhebet die Hände und danket wie sie.
Stimmt freudig, ihr Kinder – wer wollt' sich nicht freu'n? –
stimmt freudig zum Jubel der Engel mit ein!

4 / O betet: Du liebes, du göttliches Kind,
was leidest Du alles für unsere Sünd'!
Ach hier in der Krippe schon Armut und Not,
am Kreuze dort gar noch den bitteren Tod.

5 / So nimm unsre Herzen zum Opfer denn hin,
wir geben sie gerne mit fröhlichem Sinn;
und mache sie heilig und selig wie deins,
und mach' sie auf ewig mit deinem nur eins.

Dieses Lied hat der katholische Priester Christoph von Schmid im Jahr 1798 für Kinder geschrieben und komponiert. Schmid erzählt in seinen Erinnerungen, wie er als Kind vor der figürlichen Krippe in der Kirche in Dillingen stand und wie fasziniert er davon war. Diese Erfahrung ist der Hintergrund dieses Liedes. Er stellte sich vor, dass Kinder dieses Lied singen, wenn sie um die Krippe herum stehen. Es hatte ursprünglich acht Strophen. Das Gotteslob hat nur fünf davon übernommen.

Das Lied ist in einer kindgerechten Sprache geschrieben, mit einem einfachen Satzbau. Schmid spricht die Kinder darin direkt an und verwendet auch Verkleinerungen oder Koseformen: »ihr Kinderlein«. Zudem enthält das Lied »zahllose Aufforderungen, mit denen er die Kinder gleichsam bei der Hand nimmt und zum Betrachten und Beten anleitet« (Die Lieder des Gotteslob, 583).

Christoph von Schmid hatte mit dem Text und seiner Vertonung bei den Kindern offensichtlich großen Erfolg. Er traf damit ihre Gefühle. So wurde sein Lied immer wieder veröffentlicht. Aber die Melodie war etwas zu streng für Kinder, daher unterlegte man den Text 1832 dann mit der bekannten Melodie eines Frühlingslieds, das im Jahr 1794 von Johann Abraham Peter Schulz komponiert worden war. Dieses Lied mit seiner frühlingshaften Melodie, die uns zum Leben aufweckt, fand schnell Verbreitung und wurde in vielen Liederbüchern für den Schulgebrauch abgedruckt.

In der ersten Strophe werden die Kinder aufgerufen, in den Stall von Betlehem zu kommen und einfach zu schauen, was sich ihnen darbietet. Sie sehen – so sagt die zweite Strophe – das Kindlein auf Heu und Stroh liegen. Maria und Josef betrachten es, und die Hirten knien betend davor. Zudem sind da die Engel, die einen Chor bilden, der über der Krippe schwebt und singt.

Die dritte Strophe fordert die Kinder auf, wie die Hirten die Knie zu beugen, das Kind anzubeten und in den Chor der Engel einzustimmen.

Die vierte Strophe verlässt nun die Szene im Stall. Hier werden die Kinder aufgefordert zu beten. Im Gebet sprechen sie das göttliche Kind in der Krippe an und meditieren sich in sein Schicksal hinein. Sie haben Mitleid mit der Armut und Not des Kindes. Und sie schauen schon voraus auf den bitteren Tod Jesu am Kreuz. In ihrem Gebet verbinden sie die Krippe mit dem Kreuz. Das Kind in der Krippe leidet nicht nur an der Armut, sondern auch an unseren Sünden. Und das Lied sieht in der Krippe schon das Kreuz aufleuchten. Am Kreuz vollendet sich das Leiden Jesu.

In der fünften Strophe wird das Gebet der Kinder zur Hingabe. Sie bieten dem Kind ihre eigenen Herzen dar. Die Liebe, die sie zum Kind in der Krippe spüren, wollen sie ausdrücken, indem sie sich und ihr Herz Jesus schenken. Zudem bitten sie darum, dass das Kind in der Krippe ihre Herzen heilig und selig mache wie das eigene Herz und dass das eigene Herz mit dem Herzen des göttlichen Kindes eins werde.

Bei aller Kindlichkeit des Textes kommen darin also durchaus theologische und mystische Gedanken zum Ausdruck. Da ist einmal die Verbindung von Krippe und Kreuz und in der letzten Strophe die mystische Sehnsucht, eins zu werden mit dem göttlichen Kind. Die Einheit mit ihm macht die Kinder selig und glücklich. Diese mystische Aussage bekommt durch dieses Lied einen fröhlichen und seligmachenden Geschmack.

»Du Kind, zu dieser heil'gen Zeit«

T: Jochen Klepper 1937/1939,
M: Friedrich Samuel Rothenberg 1939

1 / Du Kind, zu dieser heil'gen Zeit
gedenken wir auch an dein Leid,
das wir zu dieser späten Nacht
durch uns're Schuld auf dich gebracht.
Kyrieleison.

2 / Die Welt ist heut voll Freudenhall.
Du aber liegst im armen Stall.
Dein Urteilsspruch ist längst gefällt,
das Kreuz ist dir schon aufgestellt.
Kyrieleison.

3 / Die Welt liegt heut im Freudenlicht.
Dein aber harret das Gericht.
Dein Elend wendet keiner ab.
Vor deiner Krippe gähnt das Grab.
Kyrieleison.

4 / Wenn wir mit dir einst auferstehn
und dich von Angesichte sehn,
dann erst ist ohne Bitterkeit
das Herz uns zum Gesange weit.
Hosianna.

Dem Lied spürt man seine Entstehungszeit an: Der evangelische Pfarrer Jochen Klepper war mit einer Jüdin verheiratet. Er konnte sein Theologiestudium aus gesundheitlichen Gründen nicht vollenden. So verdiente er sein Geld mit dem Schreiben von Romanen und Gedichten und Zeitungsbeiträgen. Sein Roman »Der Vater« über Friedrich II. hatte großen Erfolg. Trotzdem wurde er 1937 aus der Reichsschrifttumskammer ausgeschlossen. Neben den wirtschaftlichen Sorgen litt Jochen Klepper unter dem zunehmend aggressiven Antisemitismus. Eine Tochter konnte 1939 nach England in Sicherheit gebracht werden. Als der anderen Tochter 1942 die Deportation drohte, ging die Familie gemeinsam in den Tod. In dieser schweren Zeit hat Jochen Klepper drei Weihnachtslieder gedichtet.

Das Lied »Du Kind, zu dieser heil'gen Zeit« will gerade auf dem Hintergrund all dieser angsteinflößenden Ereignisse die weihnachtliche Botschaft verkünden, nicht euphorisch, sondern so, dass sie auch mitten in der Dunkelheit Hoffnung bringt. Das Lied spricht immer wieder vom Gegensatz zwischen der weihnachtlichen Botschaft und der grausamen Realität der Zeit und dem Kreuz, das auf das Kind in der Krippe wartet.

Die erste Strophe gedenkt zu der heiligen Zeit von Weihnachten an das Leid, das wir Menschen »zu dieser späten Nacht durch unsre Schuld auf dich gebracht«. Die Weihnacht, die durch die Geburt Jesu geweihte Nacht, weist schon voraus auf die späte Nacht, in der Jesus für uns am Kreuz sterben wird. Das »Kyrieleion«, das jede Strophe abschließt, hält unsere heutige Situation, all das Dunkle, das wir in unserem Leben wahrnehmen, in das Erbarmen Jesu hinein.

Die zweite Strophe spricht vom weihnachtlichen Freudenhall. Doch dem kontrastiert nicht nur die Armut des Stalls, sondern auch das Urteil, das die Menschen schon über dieses Kind gesprochen haben, und das Kreuz, das es erwartet. Die Gegenüberstellung von Krippe und Kreuz greift die Theologie der Kirchenväter auf, die diesen Gegensatz in ihren Predigten oft zur Sprache bringen.

Die dritte Strophe sieht das Freudenlicht von Weihnachten im Gegensatz zu dem Gericht, in dem Jesus zum Tod verurteilt wird. So werden nicht nur Krippe und Kreuz, sondern auch Krippe und Grab miteinander verbunden.

Die vierte Strophe zeigt uns die Zuversicht, mit der Jochen Klepper trotzdem gelebt hat. Es ist der Glaube, der ihn hält. Erst wenn wir mit Christus auferstehen, wird alle Bitterkeit von uns abfallen. Dann ist die richtige Zeit, die frohen Weihnachtslieder zu singen. Dann wird unser Herz weit, und es wird einstimmen in den österlichen Jubel.

Das Lied lädt uns nicht zum fröhlichen Jubel ein. Aber gerade für Menschen, die an Weihnachten die konkrete Situation unserer Welt nicht ausklammern wollen, ist dies ein Hoffnungslied. Wir schauen auf die heutige Welt, die ebenfalls von Krieg und Unrecht, von der Zerstörung der Umwelt geprägt ist. Und doch schauen wir aus dieser Situation heraus auf das Kind in der Krippe. Es gibt uns die Hoffnung, dass es trotz aller

Machtlosigkeit am Ende triumphieren wird. Und auch wir werden mit ihm in der Auferstehung einstimmen in den ewigen Jubel, den uns niemand mehr nehmen kann.

Schluss

Wir haben die Weihnachtslieder meditiert, die für Kinder geschrieben wurden, um ihr kindliches Herz für das Geheimnis des göttlichen Kindes in der Krippe zu öffnen. Wir haben alte Weihnachtslieder betrachtet, die der mystischen Tradition verbunden sind, die das Kind in der Krippe durch das Kindleinwiegen und durch die wiegende Melodie in unser Herz einbilden möchten. Wir haben erzählende Lieder angeschaut, die uns das Geschehen in Betlehem vor Augen führen und es uns deuten. Und wir haben Loblieder betrachtet, die uns dazu auffordern, Gott wegen seines gnädigen Handelns in der Geburt seines Sohnes zu loben.

Nicht jeder wird zu jeder Zeit all diese Lieder singen können. Aber wir können zumindest versuchen, uns auf Lieder einzulassen, die gerade nicht unserer Stimmung entsprechen. Vielleicht können sie dann unsere Gefühle verwandeln.

Alfred Delp, Jesuit und Mitglied des »Kreisauer Kreises« und 1945 in Plötzensee ermordet, hat im Gefängnis immer wieder über das Geheimnis von Advent und Weihnachten nachgedacht. Im Blick auf die Weihnachtslieder schrieb er einmal: »Kinder können vor der Krippe knien und *adoro* (ich bete an) und *suscipe* (nimm mich hin) sagen, und es gilt. Der Erwachsene aber muss sich die Echtheit der Worte und Gebärden neu erkämpfen oder erdulden, immer neu« (Delp 70).

Manchmal werden wir das Kind in uns spüren und die Lieder aus unserem kindlichen und vertrauensvollen Herzen singen. Doch manchmal müssen wir, wie Delp es beschreibt, uns die Echtheit der Worte erkämpfen. Wir müssen darum ringen, dass wir diese Worte mit ehrlichem Herzen bekennen können. Indem wir uns auf die Worte der Weihnachtslieder einlassen und sie im Gesang zum Ausdruck bringen, können sie uns verwandeln. Dann werden im Singen unsere Zweifel in Vertrauen verwandelt, unsere Dunkelheit in Licht, unsere Kälte in Liebe und unsere Verzweiflung in Hoffnung.

Die Lieder beschreiben die Weihnachtsbotschaft in vielen Bildern. Diese wollen sich in uns einbilden, damit das Geheimnis von Weihnachten zu einer inneren Erfahrung wird. Alfred Delp fasste das Wesen der weihnachtlichen Botschaft so zusammen: »Der Mensch ist nur mit Gott zusammen Mensch ... Gott gehört in die Definition des Menschen. Und die innerste Lebensgemeinschaft mit Gott zu den ersten Voraussetzungen eines gelungenen und gekonnten Lebens« (Delp 33).

Das klingt für viele wie eine nüchterne und eher philosophische Erkenntnis. Aber diese Erkenntnis übersetzt das Weihnachtsgeheimnis konkret in unseren Alltag. Für Delp war sie die Bedingung, dass er das Gefängnis und den drohenden Tod bewältigen konnte, ohne zu zerbrechen. Er hat erfahren, dass durch die Botschaft – Gott ist Mensch geworden und hat uns Teilhabe an seinem göttlichen Leben geschenkt – »der Mensch im Nu über sich selbst hinausgehoben wird und die Dinge ihn nicht mehr anrühren und er ihnen gewachsen bleibt, auch wenn sie ganz anders kommen, als er sie erwartet« (Delp 33). So hat ihn das Geheimnis der Geburt Jesu dazu befähigt, den Anfeindungen und Verurteilungen gewachsen zu sein.

Das Geheimnis von Weihnachten lädt uns ein, es in Liedern zu meditieren, die uns in eine andere, heilere, zärtliche Welt hineinführen. Aber diese Welt von Weihnachten, in die wir in den Liedern eintauchen, ist keine Flucht vor unserer harten Welt. Sie will uns stärken, dass wir, wie Alfred Delp es mit seinem harten Schicksal tat, unseren Alltag bewältigen, auch mit all dem, was uns widerfährt und was unsere Vorstellungen vom Leben durcheinanderwirbelt. Weihnachten ist keine Idylle, in die wir vor der Wirklichkeit unseres Lebens flüchten. Es ist ein Fest, das uns auch die Nacht unseres Lebens durchstehen lässt, das Licht bringt in unsere Finsternis, Liebe und Wärme in die Kälte dieser Welt und unserer Herzen strömen und das Lebendigkeit und Zärtlichkeit in allem

Verhärteten in uns und um uns herum aufblühen lässt. Und gerade weil wir in einer Welt leben, die wir oft als hart und unmenschlich erleben, ist es gut, an Weihnachten in eine andere einzutauchen, in die Welt unserer Kindheit, in der wir von den Weihnachtsliedern so berührt wurden, aber auch in die Welt der mystischen Erfahrungen, die in diesen Liedern zum Ausdruck kommen. Indem wir diese Lieder singen, geschieht in uns Verwandlung. Unser Herz wird liebevoller und fröhlicher, hoffnungsvoller und zuversichtlicher.

So wünsche ich Ihnen, dass Sie die Weihnachtslieder so singen können, dass Ihr Leben dadurch verwandelt wird, dass Sie neue Hoffnung schöpfen und dass Sie erfahren dürfen: Gott ist Mensch geworden. Er ist zu mir herabgestiegen, damit ich den Mut finde, in die eigenen Tiefen hinabzusteigen. Denn ich darf darauf vertrauen, dass ich nicht allein in die Abgründe meiner Seele vordringe, sondern dass Christus schon vor mir dort hinabgestiegen ist und jetzt an Weihnachten mit mir hinabsteigen möchte, damit alles in mir erleuchtet, geheilt und aufgerichtet wird.

Literatur

Alfred Delp: Worte der Hoffnung, Freiburg 1974

Guido Fuchs: Unsere Weihnachtslieder und ihre Geschichte, Freiburg 2010

Ansgar Franz, Hermann Kurzke, Christiane Schäfer: Die Lieder des Gotteslob. Geschichte – Liturgie – Kultur, Stuttgart 2017

Werkbuch zum Gotteslob. 1. Advent/Weihnachten, Freiburg 1975

Quellen

Bibliografische Information der Deutschen Nationalbibliothek

Die Deutsche Nationalbibliothek verzeichnet diese
Publikation in der Deutschen Nationalbibliografie.
Detaillierte bibliografische Daten sind im Internet über
http://dnb.d-nb.de abrufbar.

Ohne Folie
Für unsere Umwelt

MIX
Papier aus verantwortungsvollen Quellen
FSC
www.fsc.org
FSC® C014889

in Deutschland
produziert

1. Auflage 2020

Lektorat: Marlene Fritsch
Notensatz: Matthias E. Gahr
Umschlaggestaltung: wunderlichungweigand
Umschlagmotiv: Anna Bogush/shutterstock.com
Druck und Bindung: Pustet, Regensburg
ISBN 978-3-7365-0331-1

www.vier-tuerme-verlag.de